学非探其花 要自拨其根

小学德育课程的实践与反思

张 艳/主编

中国文联出版社

图书在版编目（CIP）数据

学非探其花，要自拔其根：小学德育课程的实践与反思 / 张艳主编. — 北京：中国文联出版社, 2023.10
ISBN 978-7-5190-5333-8

Ⅰ. ①学… Ⅱ. ①张… Ⅲ. ①德育－教学研究－小学
Ⅳ. ①G621

中国国家版本馆CIP数据核字（2023）第185319号

主　　编　张　艳
责任编辑　刘　旭
责任校对　秀点校对
装帧设计　刘贝贝　李　娜

出版发行　中国文联出版社有限公司
社　　址　北京市朝阳区农展馆南里10号　　邮编　100125
电　　话　010-85923025（发行部）　010-85923091（总编室）
经　　销　全国新华书店等
印　　刷　北京四海锦诚印刷技术有限公司

开　　本　710毫米×1000毫米　1/16
印　　张　16.5
字　　数　301千字
版　　次　2023年10月第1版第1次印刷
定　　价　58.00元

编 委 会

构建新发展格局　彰显学校教育新时代担当

习近平总书记在党的二十大报告中强调，要坚持教育优先发展、科技自立自强、人才引领驱动，加快建设教育强国、科技强国、人才强国。党的二十大报告为我们在新时代贯彻好“为党育人、为国育才”这一宏伟蓝图指明方向，全体教育工作者应立标定向、使命于肩，以党的二十大精神为指引，在开辟的新领域、新赛道上建功立业。

新时代，学校应该充分结合所在地区区位发展优势及当地教育发展规划要求，从学校实际出发，按照“党建引领，融合发展”的工作思路，全力推进党建与学校教育教学工作深度融合的新发展格局，把党对教育事业的领导落实到教书育人第一线，彰显学校教育新时代担当。

一、加强人才培养，发挥队伍建设“先锋表率”作用

学校党组织必须始终坚持把党的思想政治建设摆在首位，坚定地执行党的政治路线，严守政治纪律和政治规矩。进一步强化党总支、党支部贯通领导，完善人才培育机制，将党的领导落实到学校管理的各个层面和环节。把支部建在年级组、学科组等教书育人一线，将支部建设与教育教学中心工作完全结合，强化支部队伍、阵地和制度建设，实现人才培养决策部署快速落地，有效缓解党建和业务“两张皮”的问题，充分发挥基层党组织战斗堡垒作用和党员先锋模范作用。

学校可以结合所在地区教师队伍培养模式，将“抓好青年教师的成长”作为学

校发展的核心工程。比如，以“新苗教师—新蕾教师—起航教师—领航教师—专家名师”作为学校教师发展阶梯，做好教师成长的顶层设计。学校要大胆使用有教育情怀、有思想、有能力、有干劲的青年教师担任备课组长、科组长和年级组长。一是把优秀的青年骨干教师培养、吸收到党组织中来；二是把党员教师培养成优秀、骨干教师；三是把教学骨干、学科带头人、名师中的党员培养为学校管理者。通过把支部建设与学校人才培养机制有机结合，在中层干部选、育、用、管上逐步实现党政办、人事、德育、团少等部门负责人为党员担任。

二、抓实“特色课程”，推进“党建+学科”实践走深、走实

各学科教师要树立“全员育人”“全学科育人”思想，积极从本学科教学出发，主动开展“党建+学科”教学实践。

（一）丰富思政教育形式，激发师生内生动力

一是挖掘课程思政元素。以《习近平新时代中国特色社会主义思想学生读本》为重要必修内容，深入挖掘道德与法治、语文、音乐、美术等课程内容中的“党史”元素，创编党史学习教育教学活页；从数学、信息科学、综合实践等学科中挖掘科学精神、创新精神，注重师生理想信念教育。

二是推进跨学科融合。以党史的发展脉络为主线，以中国共产党人精神谱系为内核，从内容、方式、思想三个维度，将道德与法治、语文、艺术等学科有机融合，构建跨学科党史学习教育实施体系，使“学科育人”的理念贯穿到小学各学科教育教学之中。

三是融入校本课程。将“中国精神”融入校本课程中，开设以“中国共产党人精神谱系”为主要内容的党史学习教育主题系列班队会课、社会主义核心价值观等爱国思想培育课程、心理健康教育课程，培养学生爱国情怀，提高民族意识。

（二）创设多元主题课程，提升课后服务质量

一是打造校内红色阵地。打造图、文、声、像并茂的校园党史学习教育新阵地，招募一批学生志愿者担任党史宣讲员。

二是活用校外红色资源。对本地区及周边区、市“四史”学习教育实践基地等重要场所逐一实地调研，布局研学路线，设计研学旅行线路，串联起能反映党的重

大事件的博物馆、教育馆等校外学习场所。

三是丰富课程活动形式。充分利用课后服务时间，开设党史研学、主题剪纸、合唱、演讲、戏曲、“非遗”等丰富多彩的主题课程，引导学生了解家乡历史、感受家乡变化，培养学生热爱家乡、热爱祖国的深厚情感。

教师积极从本学科教学出发，开展“党建+学科”教学实践、课题研究、课例研发等，为学校党建引领学校重点工作落实提供新的思路。

三、聚力“减负提质”，健全“五育并举”育人方式

2021年7月24日，中共中央办公厅、国务院办公厅印发《关于进一步减轻义务教育阶段学生作业负担和校外培训负担的意见》，要求切实提升学校育人水平，持续规范校外培训（包括线上培训和线下培训），有效减轻义务教育阶段学生过重作业负担和校外培训负担。学校要坚持把健全“五育并举”的教育体系作为教育高质量发展的基本路径，重视学科育人、课程育人、实践育人和活动育人。同时坚持把强化课堂主阵地作用作为教育高质量发展的中心环节，重视课堂教学改革，优化和改进教学方式，注重启发式、体验式、情境式教学，重视因材施教，开展小组合作、项目化学习。真正实现课堂减负提质、课后服务提质增效。

教师要充分认识到，评价是落实减负提质的价值导向。通过创新过程性评价办法，完善综合素质评价体系，确立“多元”的科学质量观，让教育评价回归育人本位。一是优化作业，关注过程性评价。将“作业设计与反馈”纳入集体备课范畴，分层设计，精准实施与反馈，并借助各级“教育云资源平台+智能学习终端”，通过技术赋能来促进学校作业设计的靶向发力，真正发挥作业诊断和育人功能。二是学科融通，推动综合性评价。以“学科融通”为切入点，开展形式丰富、寓教于乐的学科活动、竞赛展演，运用《寒暑期成长手册》《素质评价手册》《班务工作手册》，以及“艺术素养成长档案”“劳动智慧云档案”等建立健全综合评价体系。三是实践活动，探索增值性评价。通过班际体育联赛、年级主题分享会、校园文化艺术节，以及班级志愿者服务岗位、年级德育干部管理岗位、校级志愿者实践岗位等，让不同个性、不同层次的学生都能体会学习、成长的成就感和效能感。构建以促进学生健康成长和全面发展为目的的绿色、生态评价体系，让学生成长轨迹可视

化，让过程性评价、个性化评价常态化，培养有理想、有本领、有担当的时代新人。

党的二十大报告已经吹响“以中国式现代化全面推进中华民族伟大复兴”的时代号角，未来我们要更加紧密地团结在以习近平同志为核心的党中央周围，以党的二十大精神为指引，构建新发展格局，彰显学校教育新时代担当，书写“为党育人、为国育才”新答卷。

张　艳

2023年4月10日

上篇　班会课设计

一年级

二年级

三 年 级

四 年 级

五 年 级

六 年 级

下篇　成长故事

一年级

二年级

三年级

四年级

五 年 级

六 年 级

上篇

班会课设计

一年级

遵守纪律，守护平安

林裕钒

【班会背景】

一年级的学生，哪怕经过了一个学期的学习，下课的时候还是会跑来跑去，横冲直撞的，这样的行为充满了危险性，一定要叮嘱学生，让他们清楚意识到横冲直撞带来的严重后果，并且以后能互相监督。

【班会目的】

1. 思想体验感悟目标：让学生了解在走廊和课室里横冲直撞带来的严重后果，明白这样做的危险性。

2. 行为改变目标：不在学校横冲直撞，或是有其他危险行为；能够互相监督，彼此照顾。

【班会准备】

准备好平时抓拍到的学生奔跑视频以及空白明信片卡纸。

【班会过程】

（一）主题导入，初知危险行为

1. 板书班会题目，共解题目

让学生一字一字读出来，明晰班会课的主题，让学生对大致的班会课内容有一定的感知。

2. 初晓危险行为

教师询问学生什么行为是危险的，初感知危险行为，教师板书学生所说的危险行为，引入在校的相关行为。

（二）播放视频，知其严重后果

（1）播放平时记录的学生危险行为视频。

（2）让学生说说这些行为的危险性。

（3）其他学生分享见到的真实危险行为。

（4）探讨为什么会有这些危险行为，师生共同逐一驳回“理由”。

（5）让学生分享自己奔跑摔伤的经验，让其他学生知道真实的后果。

（三）分享愿望，共立规范

（1）让学生说一说班级建设的愿景：在说愿景的同时，让学生明白老师和班级小管家都是为了他们的生命安全着想，知道老师和小管家的良苦用心。

（2）一同为“安全建设班级”定下规则。

（3）明确班级小管家的任务，制订违反规则的惩罚。

【班会效果】

预期教育效果：学生了解危险行为的严重后果，减少相关行为的发生。

巩固班会效果的后续活动安排：课后自行制作“安全伴我成长”的主题卡片，巩固加深印象。

【班会反思】

预计生成的学生成长：知道哪些行为是危险的，并且今后尽量控制自己，不去做这些危险的行为。明白老师、家长以及班级小管家的良苦用心，能够尊重照顾和爱护他们的人。

班级管理智慧：通过播放学生平时的视频，让他们知道老师一直在关注他们，一是震慑，二是告诫那些有危险行为的学生，让他们知道不好意思。通过学生分享被哪些危险行为伤到的经验，让学生知道受伤的严重性，更让他们知道危险行为不该做；通过班级寄语，让学生知道全班同学的期盼以及所喜欢的行为，促进学生内部的团结，明确规范。

弘扬生态文明　共建绿色地球

王宇琼

【班会背景】

3月12日是中国的植树节。当前，全球变暖成为各国关注的焦点，生态危机是各国亟待解决的问题。2022年我国多个省份地区的气温高达40多摄氏度，异常的高温给人们的生活带来严重的影响，新闻频繁报道高温下导致的“热辐射”病不断地夺走了一条又一条鲜活的生命。同时，异常的高温也给人类敲响了环保的警钟，提醒人类重视环境保护，重视生态文明。作为新时代的学生，祖国未来的希望，我们应该为生态文明贡献出一份力，倡导大家保护环境，共建绿色地球。

【班会目的】

1. 以植树节为契机，以“弘扬生态文明　共建绿色地球”为主题，在班级进行科普宣传，开展各种形式的环境保护活动。将宣传与实践相结合，丰富学生的知识面，增强学生的生态文明意识和环境保护意识。为班级和学校增添绿意，美化环境。

2. 在活动实践过程中培养学生动手操作的能力，掌握一定的劳动技能，以及增强团结协作的精神，从中收获知识技能与快乐。

【班会准备】

1. 情景剧头饰、图片等。

2. 护绿卡片制作工具。

3. 树苗若干。

【班会过程】

（1）学生主持人宣布“弘扬生态文明　共建绿色地球”主题班会课开始。

（2）《地球的哭诉》表演，学生头戴地球、大地、森林、海洋等头饰，扮演这些角色。

学生1（地球）：我的名字叫地球，我是一颗美丽的蓝色星球，我孕育了万物生命，我为我的孩子创造了广袤的大地、茂密的森林、神秘又富有的海洋，我是太阳系中唯一的绿洲。在我的努力下，这个星球展现出了生机勃勃、欣欣向荣的和谐之景。可是好景不长，人类的贪婪使我变得面目全非，我的能量在流逝，一切都朝着难以控制的方向发展。

学生2（旁白）：随着世界人口的增长，人们对自然资源的不合理利用，造成了森林、草原、耕地的减少，生态的破坏、环境的污染，导致环境质量的恶化。大地在呻吟，河流奏悲歌。

学生3（大地）：我是大地叔叔。我本来是个绿意盎然的小伙子。现在由于人类对土地利用不当、地面植被遭破坏、乱砍滥伐等原因，我身上水土流失严重，已经变成一个干瘪的老头子了。

学生4（森林）：大家好，我是森林伯伯。我作为人类的老家，给人类提供食物、住处，给人类原始生活安全提供保障。然而人类发现了火，掌握了生火技术之后，就开始向我进攻，一棵棵参天大树倒下，动物们失去了栖息地，甚至葬身于火海。

学生5（海洋）：大家好，我是海洋姐姐，海洋孕育着许多生命，也蕴藏着许多宝藏。但是今天的我却被污染了，人们把石油和垃圾都倒在了我身上，给我和我的海洋生物孩子们带来了难以愈合的创伤。

学生6（沙漠）：大家好，我是沙漠阿姨。原来的我是人人喜欢的绿洲姐姐，由于人类对森林乱砍滥伐，把我折磨成了沙漠阿姨，人人对我避而远之，我真的好难过。

学生1（地球）：孩子们，我已经千疮百孔了，谁来帮帮我呀！

学生7（旁白）：人类终于听到了地球母亲的求助，开始植树造林。请观看视频《半个世纪，荒漠变百万亩林海》。

（3）播放植树造林的视频：

① 班主任对学生进行生态文明知识科普宣传与教育，学生自由讨论保护生态文明、爱护环境的重要性，分享日常生活中爱护环境的行为方式。

② 每个学生认领一棵小树苗，鼓励孩子们利用课外时间与家长一起动手种下一棵小树。观察记录小树苗的生长过程，下次植树节再来分享自己与小树苗的成长故事。

③ 每个学生根据自己认领的树苗特点，制作护绿卡片。

④ 全班齐唱《我和小树来比赛》，结束这次主题班会。

【班会效果】

通过这次活动学生掌握了一定的环境保护、生态文明和绿化的知识，增强了学生的生态文明和环保意识，同时给班级和学校增添了一抹绿，美化了环境。

【班会反思】

地球是我们赖以生存的家园，保护环境、爱护家园是每一位公民的职责。生态危机是我们共同要解决的问题，我们每个人都要有生态文明意识、环境保护意识，落实环境保护，才能维护我们赖以生存的家园。小学生正处于行为习惯和价值观初步养成阶段，这时候对其进行生态文明教育是非常重要的，能够帮助其养成正确的生态文明意识和环境保护意识。同时，在这过程中学生能够接触、学习更为丰富的知识文化，有助于弘扬我国的优良传统文化文明，促进学生的全面发展。

整理有法，人生有序

吴芷勤

【班会背景】

对于一年级的学生来说，他们的动手能力稍弱，需要一点一滴从细节培养起来。其中，学会整理不仅是每个孩子必备的技能之一，也是班级、家庭苦恼的问题。而现实生活中，整理却往往成为被忽略的生活教育。

美国教育家杜威曾说过："一切人生日用的事，都是他们的教育。"本次班会将围绕书包整理来培养孩子进入学习状态的仪式感，以及生活的秩序感，帮助孩子告别拖延与杂乱，学习一项可以受益终身的能力。

【班会目的】

1. 认知目标：引导学生明白书包脏乱的原因，了解整理的妙招和保持整洁的方法。

2. 情感目标：引导学生感受自己整理的有趣之处，认识到整理对学习及日常生活的意义。

3. 行为目标：推动学生养成整理自己物品的习惯，提高自理能力。

【班会准备】

教师准备：记录、拍摄班级书包实况；录制《书包的哭诉》故事音频。

【班会过程】

（一）故事导入，明问题

1. 分享故事，引出话题

（1）讲故事。

猫妈妈有两个孩子：小白猫和小花猫。每天早晨，小白猫和小花猫都一起去森林学校上学。这一天，山羊老师布置了复习的作业，说明天要考试了。第二天一大早，猫妈妈早早地把两个孩子叫了起来，两个孩子吃了早饭，准备上学。上学时间到了，小白猫背起书包叫小花猫一起走。小花猫呢？书包找不见了，多亏猫妈妈帮他找到了。他这才急忙背起书包和小白猫一起去了学校。

来到学校，山羊老师早已等在教室了。小白猫和小花猫坐好以后，考试开始了。小白猫不慌不忙地拿出文具认真地做了起来。小花猫呢？一开始笔找不到了，翻遍了整个书包，好不容易才找到，可不到一会儿橡皮又找不到了，好不容易找到橡皮了，练习本又找不到了。就这样考试结束了，小白猫早已做完题，把试卷交给了山羊老师，小花猫还在那里翻书包找东西呢！看到小白猫轻松自在的样子，想想自己，小花猫急得哭了。

（2）互动交流说感想。

提问1：听了这个故事，你有什么感想？

提问2：你想向谁学习？

提问3：我们身边有这样的小白猫和小花猫吗？（善于整理和不善于整理的）

2. 呈现实况，发现问题

（1）教师展示班上整理脏乱、混乱的书包图片，请学生谈谈感想。

预设：乱、脏，有损个人形象……

（2）教师展示班上收纳规整的书包图片，请学生谈谈感想。

预设：整齐、美、舒服，展现优良班风……

3. 引出班会活动主题

师：从故事和图片中，我们明白，整洁的书包让人感觉如此美好，我们今天也要来学习如何整理书包，让整洁成为我们的习惯吧！

（二）行为对照，寻原因

1. 故事创境，明他因

（1）听一听：播放音频《书包的哭诉》。

书包：我的主人什么东西都往我肚子里放，重得我喘不过气来，东西越放越多，他经常找不到，还怪我！

我的主人东西倒是不多，但是他不会摆放，东西总是胡乱塞，让我看上去还是乱糟糟的，挤得慌！

……

（2）说一说。

① 这些书包在哭诉些什么呀？

（教师相机归纳：不讲卫生、不会整理、不懂保持）

② 你如果是书包的主人，听了它们的话，有什么感受？

预设：不好意思，难过，想说对不起……（意识到不对）

2. 行为对照，找自因

（1）小镜子：勾出“行为对照单”。

师：其实啊，这些坏习惯，我们有时候也会出现。来，拿出我们的行为对照单，看看有哪些，把它们勾出来。

（2）交流实况引思考。

师：你勾出了什么？这给你带来了什么麻烦？

预设：找不到东西，纸皱了……

3. 小结问题，激发整理主动性

师：原来这些坏习惯给我们带来了这么多的麻烦，那我们应该怎么做呢？

（三）你说我做，知方法

1. 现场模拟，众筹方法

（1）展示杂乱的书包，引发整理之心。

师：我这里就有一张需要大家整理的书包图片，看！

① PPT展示。

② 实物展示。

师：我把它请到我们现场来了，我们一起来理一理，好吗？

（2）小组合作，共想“金点子”。

（3）生说师做，现场整理。

（学生说整理方法和依据，教师现场照做）

预设：

① 跳绳卷起来，不然会缠绕。

② 红领巾最好戴起来，如果放书包的话也要叠好，节约空间。

③ ……

教师根据反馈，相机梳理方法：分类理、有序放、无用扔。

2. 前后对比，直观感受整理之妙

（1）展示整理后的书包，采访交流。

师：同学们的“金点子”可真有用，瞧，书包一下子就变得整整齐齐了，有什么感受？

预设：整齐多了，舒服多了……

教师小结：学会整理，还能愉悦我们的心情呢！

（2）拓展：文件夹、资料袋的合理运用。

（四）现学现用，践行方法

1. 整理书包

师：刚才，大家学习了整理书包的办法，你们能用上这些整理方法和妙招，也将自己的书包整理得干净妥帖吗？

（1）教师巡视、给予帮助和指导；给需要的同学分发文件夹或者文件袋。

（2）相机鼓励：整理好的孩子看一看四人小组谁需要帮助，教一教。

2. 评价点赞，巩固方法生新招

师：你发现同桌什么地方做得比较好？给他点个赞！

3. 共思后续懂保持

师：孩子们，想不想每天的书包都这样整齐？那需要怎么做？

预设：下课后要做好课前准备，把东西放回原来的位置；每次下课都要整理一下……

（教师相机归纳：物归原位、按时整理）

4. 小结提升

会整理，更要常保持，才是书包的好主人！

5. 共读上学期学过的《小书包》一文

我的小书包，宝贝真不少。
课本作业本，铅笔转笔刀。
上课静悄悄，下课不乱跑。
天天起得早，陪我去学校。

【班会效果】

1. 提升学生的劳动能力，使学生书包干净整洁。

2. 培养孩子的秩序感，进入学习状态的仪式感，以及对学习的敬畏感。

3. 从整理迁移，可以让学生从整理抽屉、书桌、房间等实际的整理过程中慢慢感受整理的重要性，从而学会梳理思路、整理情绪，学会整理人生。

【班会反思】

好习惯不是一天可以养成的，通过教会学生整理，打造更加良好的学习环境，培养学生动手能力，能为他们的人生打下基石。本次班会以低段孩子喜欢的讲故事活动导入，引出“整理”这个主题，引发孩子的兴趣。通过真实照片的呈现让孩子们直观地感受到书包的“脏、乱”，发现班级问题的同时感受整理的迫切。通过交流，使孩子们意识到整理的好处，促进学生整理习惯的长期养成。

童心·向冬奥，一起向未来

——一（6）班主题班会

陈彩珍

【班会背景】

2022年在中国举办冬奥会，是中国人非常自豪的一件事。以本次冬奥会为契机，传播奥林匹克精神，落实德育教育，培养学生主动了解冬奥知识，热爱运动，勇于挑战，做新时代勇敢小少年。因此，我班开展“童心向冬奥，一起向未来”的主题班会。

【班会目的】

1. 落实“双减”政策，引导学生关注时事，培养学习乐趣。

2. 学习奥林匹克精神，了解奥运会的有关知识，理解北京冬奥会的意义。

3. 激发学生热爱祖国的感情，培养爱国情怀。

4. 学习冬奥健儿努力拼搏的精神，努力学习，树立远大的理想。

【班会准备】

1. 老师准备冬奥会课件、视频。

2. 亲子了解冬奥会的基本知识。

3. 学生寒假录制视频：《冬奥，我想对你说》。

【班会过程】

（一）视频导入，走近冬奥

（1）师：2008年，中国北京举办了盛大的奥运会，2022年，中国又承办了第24届冬奥会。这是世界上目前唯一成功申办奥运会和冬奥会的国家，作为中国人，我们真的非常自豪。

（2）师：下面我们一起来欣赏冬奥会的开幕式。（播放开幕式的一小段视频）

（3）观看了视频，你有什么感受呢？（指名学生谈观看后的感受）

（二）精彩瞬间，喝彩冬奥

（1）课件播放运动赛场上几个精彩瞬间。（播放视频）

（2）老师结合PPT介绍赛场幕后的故事。

（三）宣讲冬奥，了解冬奥

（1）你对冬奥了解多少？（学生举手分享了解的冬奥知识）

（2）老师结合PPT宣讲冬奥（介绍冬奥来源、北京鸟巢主会场、冬奥吉祥物、冬奥项目等）。

（四）知识抢答，竞技冬奥

（1）出示小组评比规则。

（2）依次播放知识抢答题目，学生抢答。

PPT出示：

冬奥会知识抢答：

1. 上一届冬奥会在哪个国家哪个城市举办？

A. 韩国 首尔　　　B. 俄罗斯 索契

C. 意大利 都灵　　D. 加拿大 温哥华

2. 2022年冬奥会在哪个国家哪个城市举办？

A. 韩国 首尔　　　B. 中国 北京

C. 英国 伦敦　　　D. 加拿大 温哥华

3. 下列哪项运动会不属于冬季奥运会项目？

A. 短道速滑　　　B. 自由式滑雪

C. 俯式冰橇　　　D. 轮滑

4. 冬奥会第一届举行的时间是？

A. 1929年　　B. 1924年

C. 1930年　　D. 2000年

5. 2022年冬奥会是第（　）届？

A. 22　　B. 23

C. 24　　D. 25

6. 2022年冬奥会共有（　）个大项目？

A. 5　　B. 6

C. 7　　D. 8

7. 2022年冬残奥会的理念是（　　）

A. 超越、融合、共享　B. 绿色、共享、开放、廉洁

8. 北京2022年冬奥会上，在国家游泳中心又称“水立方”举办的比赛项目是（　　）

A. 冰壶　　B. 冰球

C. 短速滑道　　D. 轮滑

9. 北京2022年冬奥会申办标志是（　　）

A. 新世纪的运动员　　B. 中国印、舞动的北京

C. 墨舞冬奥

10. 北京冬奥会吉祥物“冰墩墩”，以（　　）为原型进行设计创作。

A. 北极熊　　B. 企鹅

C. 海豹　　D. 熊猫

（3）老师小结各组知识抢答得分。

（五）学生展示，心向冬奥

（1）分享学生寒假期间跟随冬奥步伐所做的运动图片、视频。

（2）分享学生亲自录制的视频：《冬奥，我想对你说》。

（六）班会小结

（1）老师讲话：亲爱的孩子们，传播奥林匹克精神，普及奥林匹克知识，我们时刻行动！我们童心向冬奥，学习冬奥健儿们的拼搏精神，刻苦奋斗，努力学习，我们要关爱他人，让世界充满欢乐、充满爱。我们庆祝2022年北京冬奥会取得圆满成功，祝福我们的祖国更加美好！我们一起加油，一起向未来！

（2）全班合唱冬奥会主题曲《一起向未来》。主题班会伴随着美妙的歌声，在一片美好的期待中结束……

【班会效果】

本次班会课以冬奥会为主线，向同学们普及了冬奥知识，以及开闭幕式环节体现出的系列中国文化元素，同学们结合观看的项目赛事、台前幕后出现的感人瞬间，分享冬奥激情时刻，畅谈心得体会。同学们还将寒假期间录制的运动视频《冬奥，我想对你说》做了展示，积极表达了参与活动的热情。

整堂班会课，学生积极性高，虽然课堂上仅有40分钟。但我们从寒假期间就布置相关准备，让学生们去关注冬奥会、观看冬奥会等，孩子们感受到了冰雪运动的魅力，也增进了对中国文化的了解。

【班会反思】

1. 本次班会课活动，老师和学生的配合还是很有默契的，但在提问环节还要加以改善，如果能再增强提问的严谨性、科学性和指向性，学生的回答能更好地扣题。平时结合课堂教学，还需要继续加强个人教学技能。

2. 学生还处于低年段，他们对活动的趣味性更加热衷。如果在“知识抢答”环节结合多媒体，创设小组评比的小赛制，学生的积极性会更高，课堂氛围会更好。

美好生活，劳动创造

陈　丹

【班会背景】

当前，随着社会的进步和生活环境的改善，以及一些家长对孩子的百般宠爱，我们学生中出现了不少娇男娇女，他们不懂得珍惜劳动成果，没有形成良好的劳动习惯和劳动观念。而且他们的心理素质较差，普遍缺乏吃苦耐劳、勤俭节约、奋发向上的精神，这不能不令人感到担忧！因此，我认为对他们进行劳动观点、劳动志向、劳动感情、劳动习惯的教育已是刻不容缓！

【班会目的】

1. 通过活动，明确什么是劳动，怎样正确对待劳动，从而进一步让学生认识到劳动的重要性。

2. 使学生进一步明确一切的劳动成果都是来之不易的，从而培养学生养成珍惜劳动成果的行为习惯，并体现在日常生活中。

【班会准备】

在一次大扫除中，有的同学不会扫地，有的同学逃避不愿打扫。为此，组织班干部开了会议，商量开一次以劳动为主题的班会。最后通过班集体会议讨论，学生明确了分工，决定分为四个小组。

第一小组“梦之翼小组”，用眼睛去观察清洁工阿姨，并用绘画、照片的方式记录她们的工作。

第二小组“阳光小组”，通过到学校厨房拍视频，采访厨房的叔叔阿姨，了解到他们工作的艰辛。

第三小组“快乐小组”，通过采访老师，了解到老师一天的工作量，并明白老师工作的辛苦。

第四小组“天天向上小组”，观察上学放学时间的家长护航队。他们穿着一件件黄马甲，不管刮风下雨，都坚守岗位。成员情景剧表演护航队。

【班会过程】

（一）导入

主持人1：尊敬的老师们。

主持人2：亲爱的同学们。

主持人齐：大家好。

1：我是主持人________

2：我是主持人________

主持人1：亲爱的同学们，上周我们学校进行了大扫除活动。在大扫除中，有的同学不会扫地，有的同学逃避不愿打扫。为此，陈老师组织我们班干部开了会议，商量开一次以劳动为主题的班会。因此我们在班主任陈老师的引导下，开展了这次主题班会活动。校园的劳动者无处不在，无时不在，他们就像我们身边最熟悉的陌生人，我们看见了他们，却从未走近他们。

主持人2：同学们走进校园里的各个角落，用画笔、镜头记录下这一双双劳动者的手。这是清洁阿姨的手，总是拿着扫帚和簸箕，扫出了校园的洁净，扫出了我们的舒心。

主持人1：这是老师的手，要么握着粉笔，要么拿着红笔，一笔一画都在教授我们知识。这是交通护航队的手，小旗一挥，大手一指，每一天都在为我们保驾护航。

主持人2：这是厨房叔叔的手，每天给我们准备美味的午餐。

师：是的，每一双辛勤的手的背后，都有汗水和泪水，更有充实与幸福。今天就让我们开展这次的主题班会——“美好生活，劳动创造”。

主持人1：现在让我们紧随四个小组的步伐，一起走近他们，发现劳动者最美的姿态。首先，请出梦之翼小组。

（二）汇报环节，每个小组进行汇报

第一小组：梦之翼小组，我们是梦之翼小组

组长：经过讨论，我们小组选择用眼睛去观察清洁工阿姨，并用绘画、照片的方式记录她们的工作，下面让我们小组的组员进行详细的介绍。

（绘画）

学生1：我画的是清理落叶的（　　）阿姨。我总看见她弯着腰，一下又一下地清理着，我们的校园多亏了她的辛勤劳动，才变得干净整洁。

学生2+3（一起展示）：

学生2：我们最佩服的是打扫走廊的（　　）阿姨。只见她一手一个大扫把，在走廊上来回地扫，大汗淋漓。

学生3：打扫完走廊后，她又立马拿起大剪刀，把草坪修剪得整整齐齐。看到她劳累的身影，我很惭愧，有时没有爱护卫生。

学生4+5（一起展示）：

学生4：（　　）阿姨也很棒，因为她打扫的是臭气熏天的厕所。每次打扫时，她先把垃圾桶清理干净，然后把地板拖得一干二净，这样恶心的臭味就荡然无存，给我们提供了很好的校园环境。

学生5：紧接着，她又去整理洗手台，尤其是上完美术课、书法课后，她的工作变得更加困难，但是她依然笑着对我们说，希望我们长大都能成为大书法家、大艺术家。

（照片）

学生6：我的小伙伴们用绘画表达他们的敬意，我选择用镜头记录阿姨叔叔们的工作。大家看，原本脏兮兮的地方，都神奇般地恢复了干净。

学生7+8：最让我们感动的是阿姨叔叔们幸福的笑脸。虽然他们的工作很辛苦，但是他们乐于奉献，甘于付出，没有一丝懈怠，他们告诉我们说，每一个走过这里的人都觉得干净，就是他们最大的幸福。

组长：是啊，我们还做了小义工，自愿参加清洁活动，我们通过自己的实际行动来表达对阿姨叔叔们的感谢。我们的汇报完毕，谢谢大家！

师点评：感谢这些清洁工阿姨叔叔们，也为梦之翼小组的组员们点赞！你们都有一双善于发现美的眼睛！

主持人2：梦之翼小组的汇报很细致，接下来，让我们一起请出阳光小组，看看他们的发现。

第二小组：阳光小组，我们是阳光小组

组长：大家好，我是小组长江一帆。我们小组在校园里发现这么一群美食制作者和运输者，他们就是在厨房工作的叔叔阿姨们，他们总是默默地给我们带来舌尖上的美食。

学生1：（配乐放视频）你们见过凌晨五点的校园吗？有这么一群人，他们每天早上五点准时起床，快速洗漱后，就开始准备美味的早餐，洗菜、切肉、调味、上菜……

学生2：今天我们也邀请到食堂的叔叔来到我们的课堂，掌声有请（　　）叔叔。

生：叔叔，您好！

叔叔：同学们，你们好！

生：叔叔，欢迎您来到我们的课堂。叔叔，您从早上五点一直忙碌到晚上八点，您觉得辛苦吗？

叔叔：刚开始的时候我觉得很辛苦，但是我从事这个行业（　　）年，慢慢地就习惯了。

生：叔叔，您觉得一天最幸福的事是什么？

叔叔：每天能把菜做成美味的佳肴，使我很有成就感。老师和同学们吃完对我点赞的时候，我感觉很幸福。

生：谢谢您，叔叔，您真伟大！我们也要向您学习！请坐！

叔叔：谢谢！

学生3：叔叔阿姨们那么辛苦地工作，可是有些同学却剩饭剩菜，不好好整理自己用餐的桌子，这不仅增加了他们的工作量，还浪费粮食，不珍惜劳动成果。“谁知盘中餐，粒粒皆辛苦。”

组长：我们小组发言完毕，谢谢大家。

师点评：是啊，无论是辛勤制作美食和还是运输美食的叔叔阿姨们，他们的身影都给我们留下了真心的震撼！同学们，让我们给这些叔叔阿姨们道个谢，向他们的辛勤付出致敬，鼓掌吧！让我们也感谢阳光小组的发言。

主持人1：芷滢，阳光小组算是说到了我的心坎里了，我们要是能做好自己的事情，从小事做起，从我做起，不浪费粮食，吃完自己打扫卫生，就是对叔叔阿姨们最好的尊重了。

主持人2：是的，接下来看看快乐小组又会给我们带来什么样的分享呢？

第三小组：快乐小组，我们是快乐小组

组长：前一段时间，网络上流传一位乡村教师的时间表，他一天下来的工作让我觉得惊讶，我们的老师也跟他一样繁忙吗？带着这样的疑惑，我们小组也走近我们身边的一些老师。这是我们小组采访到的几位老师的一天的工作量。（PPT出示）通过这次采访，我们对老师这个角色有了更多的解读。

学生1：大家好，我是吴翠霞，我是学校足球队的一名守门员，在一次外出比赛中，我不幸负伤了。在我受伤的那一刻，体育老师第一时间跑过来查看我的伤情，他神情紧张，想扶我下场休息，但在那一刻，我的心中只有一个信念——坚持！我咬了咬牙，告诉教练我想坚持，我能坚持！但因为我伤势较重，还是退出了比赛。我学会坚持是从体育老师身上学到的。他们每天起早贪黑，在训练场上有条不紊地指导我们训练，无论天气严寒或者酷暑，他们始终坚持，我知道我们取得的荣誉就是对他们最好的回报，我敬佩他们！

学生2：我听老师们说过，经常都是沐浴着月光回家，晚上还有很多老师在加班，办公室都是灯火通明的。那天我亲眼看到了，学校教学楼很多办公室留着灯，老师们有的在认真地备课，有的在批改作业，还有的在与老师交流讨论，看到这些，我很感动。

学生3：我们只看到老师在课堂上的从容不迫，我们只沉浸于老师们滔滔不绝的知识讲授，我们也只会因老师们的妙语连珠而忍俊不禁，但是我们却不知道，其实每一堂课都融入了老师们的苦思冥想和精心设计。

组长：我们小组的成员杨凌翔，他的妈妈是一位老师，让我们来听听他眼中的老师。

杨凌翔：我有一位这样的妈妈，在家里是我的妈妈，在学校里摇身一变——成了大家的妈妈。在学校，她重复着备课、上课和批改作业的工作，为了学生的点点滴滴，妈妈勤勤恳恳，兢兢业业。她经常会为学生补习，而她从无怨言。妈妈很有耐心，学生有什么不明白的问题，她一定要教到学生会了才肯罢休。为了第二天学生能汲取更多的知识，书桌前，总少不了她认真备课的身影。为了给学生改作业，她常常熬到很晚才睡。以前，我总抱怨她对我不够关心，但现在我理解了，正如我的老师们对我关心负责一样，她不仅是我的妈妈，更是其他孩子的老师。这就是我的教师妈妈，我敬佩她！

师：在凌翔同学的话语中，我们仿佛看到了一个温柔贤惠的妈妈，更看到了一位尽职尽责的老师。同学们，我是你们的老师，同时我也是一个妈妈。在家，我尽心呵护我可爱的女儿；在学校，我为班上的每一位学生辛勤付出。像我这样的老师还有许多，让我们把《老师》这首歌送给身边所有老师。

（全班歌唱《老师》）

主持人1：老师，您默默耕耘，无私奉献！

齐：老师，您辛苦了！

主持人2：接下来我们有请天天向上小组，看看他们又发现了什么。

第四小组：天天向上小组，我们是天天向上小组

一学生解说：为了保护学生上学放学安全，走过壆岗小学的校门口，我们就会惊喜地发现，这里活跃着一批又一批的家长护航队。他们时而召集学生有序进入校园，时而招手示意阻碍交通的车辆及时驶离，时而亲自领着低年级的学生横穿马路……忙碌的身影，在人群中分外引人注目；一件件黄马甲，在朝阳的映照下闪耀着熠熠的光彩。接下来有请护航队。

成员情景剧表演护航队。

师小结：亲爱的同学们，今天是你们的舞台，老师更希望看到你们灿烂的笑容。来，梦之翼小组，给老师多少个笑容？不错，全员通过，你们呢？好，这边的小组，笑得真好看。刚刚你们的表现特别棒，老师给你们点个赞，老师也希望你们挥挥手，给自己，给你们的小伙伴点一个赞！

看到四个小组的分享，老师特别欣慰。第一，我为你们的用心发现感到欣慰。你们发现最美的劳动者就在我们身边，而且他们的工作非常重要，缺一不可。第二，老师也为你们的能力提升而感到欣慰。老师看到每一个组员非常独立、自信，而又不失团队精神。最重要的是，你们刚刚的分享内容非常充实，形式也很丰富。第三，老师为你们的真情流露而感到欣慰。希望接下来看到大家更精彩的表现。

（三）小组的行动分享

主持人1：感谢陈老师对我们的肯定。其实，在这个过程中，我们都深刻地意识到学校里的清洁工、餐饮服务人员、家校护航人员以及老师背后工作的艰辛和不易。但最令我们敬佩的是他们如此辛苦，但却乐在其中，十年如一日地服务于他人，所以我们要更加尊重劳动者，珍惜劳动成果，我们也要养成劳动的好习惯。

主持人2：是的，其实我们各小组都已经开始行动了，下面，请各小组给我们分享一下吧。

主持人1：请你说。

生：（预设）我每天会自己整理书包。

主持人2：请你说。

生：（预设）我会一周洗一次自己的白鞋。

生：我每天会倒垃圾。

主持人1：同学们的做法都太棒了！为你们点赞！

主持人2：同学们，你们会做到自己的事自己做吗？（会）那我们就现场来比一比，我们分小组进行。请陈老师给我们讲解比赛规则。

师：同学们，现在由我来讲解比赛规则。四个小组同时参加比赛，每个小组派出四名代表参加，按照第一个组员穿鞋子，第二个组员整理书包，第三个组员系红领巾，第四个组员叠衣服的顺序，一个接一个地完成自理小达人的比赛。在比赛过程中，第一个组员完成后，需要与下一个组员击掌，下一个组员才可以开始挑战，每组最后一个组员完成挑战后，最先夺得我手中红旗的小组，为本次比赛的自理小达人小组。注意红领巾要佩戴规范，书包要整理好，如果在比赛中有组员没有按照规定进行，将返回起点重新开始。同学们，你们听懂了吗？下面请各个小组讨论确定参加比赛的组员，请评委做好准备工作。（活动五六分钟）

（每个小组都要坚持完成，完成后与老师击掌）

主持人1：获得自理小达人的小组上来领奖，请陈老师给我们颁奖。

PPT出示：

我们是“自理小达人”。

主持人1：同学们，在刚刚的比赛过程中，你们开心吗？

主持人2：其实，劳动带给我们快乐的同时，也给爸爸妈妈带来了快乐。（播放家长感言视频）

（四）印上劳动之手，立下劳动盟约，创造美好生活

师：感谢家长们的分享。著名教育家陶行知说：人生两件宝，双手和大脑，一切靠劳动，生活才美好。

主持人：是的。我们也要以劳动为美德，养成热爱劳动的习惯。现在，请同学们用双手立下我们的劳动盟约，把劳动之手印上。

（五）班会小结、寄语

主持人：亲爱的同学们，请大家用实际行动来尊重每一位劳动者，珍惜劳动成果，努力践行我们的劳动盟约，学做健康勤劳好少年！现在有请陈老师讲话。

师：感谢主持人。我们看，这是一个（美字），对了，我们今天寻找的劳动者，包括社会上各个行业兢兢业业的劳动者，其实他们是最美的代言人。他们美在勤恳，美在敬业，美在乐观，美在温暖。今天，因为有你们，我们找到了他们，并走近了他们，老师真心为你们点赞！再来看，我们用双手形成的劳动盟约，就像一棵小树苗，同学们的每一次坚持都在浇灌这一棵成长之苗，让它茁壮成长。而我们的每一次践行，其实也是在给予这棵劳动之苗更多的养分，让它能够长成一棵参天大树。同学们，请加入劳动中来吧，让我们用辛勤的劳动，用我们的双手去劳动，迎接生活的挑战、创造美好的生活吧！

【班会效果】

本次活动以德育教育与劳动教育实践相结合，精心组织，亲自体验，提高劳动技能，增强学生身体素质为目的，此次活动收到良好的效果。学生亲身体会到了劳动的艰辛和劳动创造世界的真理，避免了形成好逸恶劳的坏习惯。同样加强了学生的劳动观念，懂得了劳动者无处不在，劳动成果都是来之不易的。美好生活，要靠劳动创造，达到了预期目的。

【班会反思】

劳动实践教育是当前学校德育工作的重要组成部分，也是学生全面可持续性发展的内在需求。依据劳动教育精神，结合班级同学实际，通过角色扮演、个人分享、视频引导等多种方式，将劳动实践教育的内容与同学们日常的课程学习，教室、校园的卫生打扫与保洁，力所能及的简单家务等结合起来，引导学生积极参与，营造了活跃的气氛。

班会课上，师生互动交流，加深对彼此的了解；在分享与展示中，同学间的配合让大家感受了协作的快乐与重要；视频中父母的鼓励和温暖真挚的言语，触动了同学们的灵魂。这些环节都将为他们的成长注入营养，从而留下深刻的记忆，使教育达到事半功倍的效果。

我们来抢红包

王星亮

【班会背景】

以最近几年来热火朝天的微信抢红包为背景，我联想到微信、QQ红包在春节独领风骚，不如在新学期伊始，给学生们一份特别的新年礼物，一个特殊的红包，能让他们更开心地拥抱新学期，让他们感受节日气氛的同时，学会感恩和分享，学会付出才会有收获，学会合理运用压岁钱。

【班会目的】

春节，意味着新的开始。收红包，是孩子们在过新年中最开心的事，长辈派发红包给未成年的晚辈，是表示把祝愿和好运带给他们。而时下流行的手机抢红包，孩子也跟着家长们乐在其中。对于学生来说，新年也是新学期的开始。于是，我想着来一场抢红包的活动，让大家一起互动，感受新年的欢声笑语。此次抢红包活动的目的是给孩子们带来欢乐的同时，与大家一起畅谈新一学期的打算和心愿，渗透感恩和分享，学会付出才会有满满的收获的教育。

【班会准备】

1. 教师：给每个学生准备一个“虎虎生威”的大红包，红包里有一个精美的书签，两块甜心巧克力和几颗植物小种子。

在黑板上画一棵很大的树，并把准备好的红包贴在树枝上，美其名曰“发财树”。

2. 学生完成问卷调查：

红包的来历。

过新年，长辈为何要给我们发红包？

你打算怎么支配新年里收到的红包？

【班会过程】

亲爱的孩子们，时间过得真快啊，转眼间2022年又不知不觉地来到了我们身边，在过去的一年里，快乐与悲伤，成功与失败，都将化作我们人生中的一段宝贵财富，激励着我们走进新的充满希冀与梦想的一年。

可爱的孩子们，我们有缘成为师生，并一同走过了这难忘的半年。我惊异地发现你们都长大了，这是一个乐观向上、开朗活泼的班集体，是一个充满凝聚力、向心力的集体。我知道，每个同学都是热爱这个集体的，每个同学内心都有一颗努力向上的种子，这颗种子破土而出，即将长成一棵参天大树！

希望你们在新的一年里，能在这个集体中学会学习，学会做事，学会做人！播下希望的种子，洒下辛勤的汗水，来日才有硕果满仓！

老师想采访一下你们：春节里，你们最难忘的事情是什么？

是的，我也觉得抢红包是最刺激、最好玩的。

（一）欣赏小品《抢红包》（略）

（二）讨论发红包的理由

刚刚那个小品确实令人发笑，你们知道为何长辈们要在过春节时给你们发红包吗？

（1）小组讨论（对收集到的信息在小组内发表意见）。

（2）派代表发言。

（三）红包的意义及用途

孩子们你们知道了红包的意义，那这些压岁钱，你们打算怎么用呢？（进一步引导孩子们合理运用压岁钱，从小学会理财，做有意义的事）

（四）现场抢红包

你们收到了家里亲戚朋友给的红包，很开心，也会合理运用压岁钱，老师真为你们的懂事感到高兴。我今天也准备了一些红包要送给你们，想要吗？不如我们现场来抢红包好吗？要想抢到老师的红包，可不是那么容易的哦，下面让我们来畅谈新学期的新打算，表现得最大方，说得最精彩的，就可以上台来抢我挂在这棵“发财树”上的红包了。但老师有个小小的要求，就是收到红包后不能马上打开哦。

（五）学生上台发言抢红包

孩子们积极踊跃、各抒己见地发表自己的新学期打算和愿望。（上台发言的同学分批上讲台来抢红包）

（六）教师阐述发放红包的意义

孩子们你们真棒！你们的新学期的新打算让我很感动，你们每个人手里都抢到老师的红包了，想知道里面是什么吗？（孩子们都迫不及待地打开）你能说说老师为何送你们这三样礼物吗？

是的，老师是想告诉你们：崭新的一年，我一如既往地爱着你们，愿你们新学期里能让这枚小小的书签躺进更多的书本里，让你们的知识更丰富，眼界更宽广；请你们把甜蜜（巧克力）与关爱你们的家人或帮助过你们的朋友一起分享；也请你们把希望（种子）种下，好好照顾它们，让它们陪着你们一起成长，你们将有一个满满的收获。

（七）让我们一起来进行新学期的宣誓仪式

全体学生起立，举起左手，在班长的带领下宣誓：“在新的学期里，我要严格执行我的计划，努力奋斗，学会学习，学会生活，学会做人。我一定要取得好的成绩！我相信：新学期，我能行！”

（八）班主任小结

新学期你们现在又在同一起跑线上，龟兔赛跑的故事大家早已知道，有些同学虽然速度不快，但是只要他能坚持不懈，就一定能获得最后的胜利。有些同学速度较快，但如果他不珍惜时间，跑跑停停，仍会落后。希望大家抓住新的机遇，迎接新的挑战，振奋精神，全力以赴，跑出自己最好的水平。

【班会效果】

通过本次班会活动，孩子们学会了合理运用压岁钱，有的说存到银行里，有的说用来买奥运会的吉祥物冰墩墩和雪容融当纪念，有的说捐给有困难的人，有的说三八妇女节快到了要给妈妈准备一份小礼物……他们不仅学会了理财，而且学会了感恩和做有意义的事，值得称赞。

我让孩子们设计一个压岁钱收支情况登记表，每年不但要记录收到的红包总钱数，还要记录红包支出的款项，并让父母或老师给自己支出红包的用途评几颗五角星。

【班会反思】

我们要用雪亮的眼睛去发现接地气的班会活动，用智慧的爱去陪伴孩子们的成长，这样才能深入孩子心中，与孩子们共同建设班集体，增强班级凝聚力，为优秀班级奠定良好的基础。

二年级

讲文明，我能行

陈葵欢

一、教师开场语

同学们，中国自古就是一个讲究礼仪的国度。礼仪就是律己、敬人的一种行为规范，是表现对他人的尊重和理解的过程。那作为小学生，应该如何去做呢?

教师：同学们，大家可以来谈一谈，你认为小学生在日常生活学习中，应该具备哪些文明礼仪的好习惯？大家可以先就这个问题交流一下自己的想法。

各小组小范围讨论。时间3分钟。由小组长汇报大家的讨论结果。

老师提醒思考范围：

（一）形象文明

衣冠端正、保持洁净，不穿奇装异服，不乱戴饰品，发型整洁等，同学们应该保持天生的自然美和质朴美。

（二）语言文明

同学们要注意语言文明，不说粗话、脏话，不在公共场所大声喧哗。同学们在和自己的老师、同学、朋友、家人交往时要有礼貌，“请”“谢谢”“麻烦您”等礼貌用语不要忘。

（三）行为文明

不乱涂乱画损坏公物，不在危险地方（楼梯等）打闹，不乱扔垃圾，不将食品带入教室吃等。

（四）思想文明

要懂得尊重他人，换位思考，还要待人真诚，做到诚实守信，因为这些能够体现出你的素养，体现出你对别人的尊重。积极向上，努力进取，关爱他人。

同学们提出的文明礼仪好习惯都很好！礼仪强调的是“互敬互重”，想让他人尊重你，你首先要尊重他人，处处讲文明，不然丢的是自己的人格和尊严，所以我希望每一个同学都能养成良好的文明行为习惯，争做文明好学生。同学们，大家有信心吗？

好，既然大家都有信心，我们就要付诸行动来证明！要想成为一个文明有序的优秀小学生，首先就要有正视自己缺点的勇气。现在，我们首先来做一个小游戏。

引导语加提问讨论回答，预计时间8分钟。

二、学生互动游戏

游戏内容：

教师：在现实生活中，或多或少还是存在着一些不文明、不尊重别人的现象。我们大家一起来努力，将你认为的不文明的现象找出来，引以为戒。

（1）各小组长在讲台盒子里领取一个装有纸条的信封（共六个信封，每个信封内都有一张写有一个学生常见的活动场地的纸条。同一处场地装两个信封，共三处场地可选）。小组长返回本组，首先宣布瓶子中所设定的场地，然后小组成员起立讨论，说一说在该场地中，自己发现过哪些不文明的现象（只是陈述现象，不做评论）。小组长将意见集中，分作第一、第二、第三点条理清晰地记录在纸上。

讨论时间5分钟。

（2）讨论结束后，抽取到相同场地的小组（A组和B组）各派出一名发言人上讲台相对而立，一人一次轮流将自己小组发现的不文明现象说出，不能重复对方已经讲过的内容。每当A组发言人说出一个现象，就需要选择B组一位同学起立回答问题：“你认为这种现象不文明在哪里？该如何改正或者避免？”同样B组也按照流程进行。

这个阶段，每个场地的现象列举加回答问题，5分钟之内。

三、学生自我反思立志

教师：刚才通过那个游戏，同学们不但找出了不文明的现象，更是针对现象提出了自己的看法，说出了如何做才符合文明礼仪的标准。刚才游戏中的种种现象，似乎是发生在别人身上，但是我想，我们自己是否曾经出现过相似的问题呢？

“人非圣贤，孰能无过？”但是只要能够勇于正视自己的不足，勇于立下志愿，从此和陋习说“拜拜”，那么就是一个具备了文明礼仪意识的，一个愿意也乐意不断完善自己的优秀之人。现在，我希望，能够做到的同学站出来，勇敢地对同学们说一说自己曾经出现过什么不文明的行为。今后，又将会在这一点上做出如何的改进？

同学发言，正视自己的错误，立志弥补自己曾经的不足。这个阶段，预计5人左右发言，耗时5分钟。

四、班级文明公约

教师：很好！我很高兴同学们能够正视自己曾经的不文明，将其变为现在的、未来的文明！每一个敢于正视自己不足的同学，都是真正的勇士！

现在，大家对于如何才能在生活和学习中保持文明礼仪，应该有了自己的想法和建议，我向大家提议，我们共同来制定一篇班级文明公约，写下大家酝酿的意见，形成我们班级共同的行为准则，好不好？

教师分发给每个小组一张白纸，各小组起立讨论，写下自己小组的文明公约。然后各小组再将意见集中交给班长。

这个过程耗时6分钟。

课后，由班长带领班委参考提议，形成公约，公布张贴。

团结就是力量

蒋美华

【班会背景】

使学生认识到“团结”的含义，形成“团结互助”的意识，班级成员团结一心、互帮互助、理解宽容，亲如一家。

【班会目的】

1. 使学生认识到“团结”的含义。

2. 在活动中体验并感悟如何团结协作，切身体会到团结协作过程中的注意事项：目标一致、宽容、信任等，学会团结协作。

3. 形成“团结互助”的意识，班级成员团结一心、互帮互助、理解宽容，亲如一家。

【班会准备】

一把筷子、若干饮料罐、啤酒瓶2个、逃生绳16条。

【班会过程】

（一）情境创设，歌曲导入（2分钟）

师唱：今天天气好晴朗，处处好风光。

师：同学们，大家好，今天老师带你们去一个地方参观，怎么样？（好）请看大屏幕。（幻灯出示：心语天地！）

准备好了吗？好，让我们打着队旗，吹起铜号，在快乐的歌声中出发吧！

（二）活动展开——初步体验（7分钟）

心语美食城：

师：我们的第一站是哪儿呢？（出示幻灯）生齐说（心语美食城），进去逛逛吧。噢，小猫一家正围桌而坐，享用美食呢，你们想不想吃啊？（想）我也垂涎（xián）三尺啦，哈哈……不过在动手之前，我们还得请一个好朋友来帮忙，要请谁呀？

生：筷子！

师：对！就是筷子！筷子好朋友非常乐意帮我们的忙，可是，它有个条件，就是要我们能发现它身上的一个重要秘密。什么秘密呢？下面我们大家一起来发现一下。老师今天把筷子先生请到了现场！来，有礼貌地跟它打个招呼吧。谁来试一试？

生：筷子先生好！

师：真棒，你是个有礼貌的好孩子！（预设：要有礼貌才行啊！筷子先生高兴了，才会帮助你品尝美食啊！）

师：好，我们有请班里力气最大和力气最小的孩子到前面来。（面向力气最小的孩子）你能掰断这一根筷子吗？（生很容易就将筷子掰断了）（师面向力气最大的孩子）你能掰断这把筷子吗？（孩子使足了劲儿也掰不断）

师：咦，怎么回事？力气最小的孩子能掰断筷子，力气最大的孩子却掰不断，这是为什么呢？

生：因为一根筷子容易掰断，一把筷子很难掰断。

师：为什么一把筷子很难掰断呢？因为这些筷子非常……（团结），团结就是……（力量）

（屏幕出现“掰筷子”，下方配“团结就是力量”）

师：对，团结就是力量，这就是筷子身上的秘密，你们感受到了吗？这也是筷子先生想要告诉大家的小秘密！齐读……（板书：团结就是力量）下面就请筷子先生带着大家一起去享用美食吧……（继续观看美食图）筷子先生可真是个热情好客的东道主，不仅为大家准备了这么多的美食，还为大家准备了一个小故事，想听吗？好，请大家仔细听，边听边思考，从这个故事里你知道了什么？

（播放视频《比本领》）

讨论：你知道了什么？

（生说）

师：大家说得真好。只有梅花鹿和金丝猴团结合作，才能摘到果子。这也正印证了筷子先生告诉我们的秘密：师生一起说（团结就是力量），我们接着参观……咦，这是什么地方？（心语动物园）师边播放视频边讲解：这里的景色真美呀，空气真新鲜，还有这么多的小动物朋友，真开心……唉，怎么啦，这三个小朋友的表情怎么这样？它们看到什么了？

（三）活动深入——探索方法（16分钟）

1. 心语动物园

师：咦，那三只小动物在干什么呀？欲知后事如何，请听接下来的分解。下面我们请心语动物园园长李叔叔给大家讲讲这三只小动物——天鹅、大虾和梭鱼的故事，听完大家就明白是怎么回事了，不过老师可要提醒大家了，听完故事，我们不仅要弄明白是怎么回事，还要想一想，从这个故事里我们能学到什么？

（播放《天鹅、大虾和梭鱼》）

师：听了这个故事，你想说点什么？

生1：不团结会导致失败！

生2：合作的时候一定要目标一致！

师：我们一起来听听心语小博士的话。播放剩下部分视频。

（板书：齐心协力）

师：难怪中国有古话说，“人心齐，——”“人多计谋广，——”。像这一类的词语或谚语还有很多很多，你还知道哪些，能说给大家听听吗？

老师也收集了不少关于团结的词语和谚语，我们一起来读一读，用心感受一下吧！（词语或者成语、谚语都行）

万众一心 同舟共济 同甘共苦

众志成城 齐心协力 精诚团结

人心齐，泰山移。

人多计谋广，柴多火焰高。

三个臭皮匠，顶个诸葛亮。

一人难挑千斤担，众人能移万座山。

师：看来，团结合作必须要齐心协力才是啊！

2. 心语娱乐城

师：唉，看看，我们现在来到哪儿了？（心语娱乐城）噢，我们可以尽情玩游戏咯，咱们先来做一个“修建金字塔”的游戏，我们都知道团结合作很重要，接下来看看我们各组参赛的同学配合得怎样。

（学生你看看我，我看看你，不约而同地嬉笑着，显得很兴奋，很激动。做“修建金字塔”游戏。游戏规则：将空罐子按6个、5个、4个、3个、2个、1个的形状堆起来，每组5人进行合作，有的负责堆，有的负责运输，运输的同学要钻圈子，来回都要钻，两个人负责拿好呼啦圈不得使它倒在地上，空罐子需要多少要计算好，多拿还得送回去。课堂上顿时沸腾起来，加油声、叫喊声此起彼伏，比赛结果只有一组成功。）

讨论：说说你们成功与失败的原因。

师（小结过渡）：你们都找出了成功和失败的原因，这很好，通过游戏，你们都体会到齐心协力巧分工是事情成功的关键，对吗？

生：对！

3. 心语故事屋

师：好，同学们，我们接着参观……啊，大家看，发生什么事了？（起火啦）哇，赶快逃生啊……可是，怎么逃呢？现在咱们再做个“胜利大逃亡”的游戏，好不好？

假设这个啤酒瓶就是被熊熊大火包围的心语动物园，时间很短，出口只有一个，大家纷纷逃亡，在灾难面前，应该怎样逃跑才能使大家都逃出来呢？游戏规则：每组派8人参加，其中有2人扮演小孩，2人扮演老人，4人扮演青壮年。还要注意照顾刚才没有参加活动的同学，让大家都有参加活动的机会。各个小组挑选好参赛队员进行比赛。

在这里我又要看看大家是如何团结合作的。

（赛后采访：先采访没有参赛的同学，再采访参赛的，分析成败的原因）

讨论：说说你们成功与失败的原因。

师小结：小朋友都说得很好，这个游戏，告诉我们团结合作既要齐心协力巧分工又要互相帮助讲谦让。

（四）联系实际，活动升华——心语休息室（5分钟）

师：团结合作不只局限在游戏上，更主要的是落实在日常的学习、生活和工作中。现在请谈谈你在日常的生活、学习中是怎样与别人团结合作的，有什么成功的经验和失败的教训。

（生自由发言）

师小结：你们都能从日常生活中寻找合作成功的快乐与失败的教训，这很好，希望你们既要尽自己最大的努力去完成任务，又要注意相互间的密切配合，这样才能共同把一件事情办好。

（五）深化理解（5分钟）

师：通过今天的活动，你知道了什么？你今后要怎么做？

（六）结束与小结提高（3分钟）

师：学会团结合作，是现代人必备的生存条件。因此，我们从小就要树立与人友好合作的良好心态和意识，它将指引我们走向一条成功的道路。最后，老师送你们一句话：（幻灯出示）团结就是力量，让我们从现在开始，学会与人合作吧！这将是你踏上成功之路的捷径。

（七）布置作业——落实延伸（2分钟）

最后，老师给大家布置一项课后作业。感恩节（11月的第四个星期四）很快就要到了，我们学校要举行手抄报评比，希望各小组发挥集体的力量，设计最佳手抄报参加评比，自由组合后小组长来领表格，小组填写。

【班会效果】

学生们在本节课中通过“玩中学、学中思”，深刻体会到了“团结就是力量”的重要性，也亲身体验到了团结合作时要特别注意的三大关键要素：齐心协力、分工巧妙、互帮互让。因此，他们在完成课后作业——设计最佳手抄报的比赛中，每个组的同学都特别团结，在小组长的带领下，他们首先根据每个组员各自擅长的方面进行了恰当又巧妙的分工，然后分头行动查找资料，在最后的成稿阶段他们又互帮互助，最后每个组都出色地完成了手抄报，真正做到了“学以致用”。

【班会反思】

本堂课让学生在听故事和玩游戏中领悟“团结就是力量”的深刻内涵，并切身体验合作时需要特别注意的三大关键要素，班会活动效果良好，学生受益颇多。此外，“团结合作”这一主题也特别贴近学生的现实生活，不少学生在平时的同伴交往或班级、学校生活中或多或少有这方面的困惑，这堂课可以说是一场及时雨，给学生解决了生活中的一大难题。不过本课也存在一个小小的bug，就是“修建金字塔”游戏中使用的饮料罐，在搭建过程中会发出“噼里啪啦”的声音，可以考虑换用塑料积木。

我爱你，我的国

王梦园

【班会背景】

爱国主义教育是学校教育的重点内容，主题班会是学校对学生进行爱国主义教育的主阵地。小学阶段的学生对于爱国的认识并不深刻，因此进行爱国主义教育可以让学生从感官上着手，让他们看得见、摸得着、说得出，并能积极参与其中。在增进他们对祖国的爱的同时，也增进他们对父母、对老师、对同学、对班级、对学校的爱，同时增强他们的责任心和使命感。

【班会目的】

1. 使学生了解祖国的国旗、国徽，懂得尊敬国旗、国徽，会唱国歌也是爱国的表现。

2. 培养学生热爱祖国的深厚感情，激发学生的民族自豪感和历史责任感。

3. 使学生懂得爱国就是从小做起，从现在做起，从身边的事做起。

【班会准备】

1. 学生学唱国歌。

2. 组织学生搜集、准备英雄故事和相关视频资料。

3. 设计爱国知识竞赛题目。

4. 在黑板上用美术字书写本次班会活动的主题。

【班会过程】

（一）班主任老师讲话

五星红旗，是我们伟大祖国的象征；《义勇军进行曲》是我们伟大祖国的声音。国旗、国歌激励着我们中华民族自强不息。无论世界的哪一个角落，只要有炎黄子孙的地方，就会出现鲜艳的五星红旗，就能听见嘹亮的国歌响起。热爱祖国，不是一句空话，面对冉冉升起的国旗，唱起国歌时，你的神情、态度、内心的感受，都能说明你的爱国心。今天，我们聚集在这里，表达“我爱你，我的国”，那就从高唱国歌开始我们的畅谈之旅吧。

主持人：全体起立，奏国歌，齐唱国歌，敬礼！

（二）演讲英雄故事

主持人：我们现在的幸福生活来之不易，那是无数英勇的革命先烈用鲜血换来的。看……

（同步播放录像片段）

主持人：现在就让我们一起来回忆过去，听一听英雄的故事。

由事先准备好的学生讲故事，班主任适时解释，渲染气氛。

（三）知识竞赛

主持人：我们伟大的祖国有纵贯五千年岁月的悠久历史，有纵横九百六十万平方公里的大好河山。这些，我们又知道多少呢？接下来，就让我们来比一比，看看谁知道的多。

以主持人出题，各小组抢答的形式进行小组间的竞赛。题目如下：

（1）我国古代测定地震的“候风地动仪”是谁发明的？（东汉的大科学家张衡）

（2）我国四大发明是？（印刷术、火药、指南针、造纸术）

（3）中国的四大名著是？（《红楼梦》《西游记》《三国演义》《水浒传》）

（4）世界上最长的古代人工运河是哪条？（我国的京杭大运河）

（5）世界最高峰？（珠穆朗玛峰）

（6）世界最高的高原？（青藏高原）

（7）我国国歌的名称是什么？（《义勇军进行曲》）

（8）有“山城”之称的城市指的是哪个？（重庆市）

（9）我国的全称是？首都在哪儿？（中华人民共和国，北京）

（10）我国一共有多少个省、自治区、直辖市？（34个）

（11）我国最大的岛屿是哪个？（台湾岛）

（12）“天下第一关”是指哪里？（山海关）

（13）“卧薪尝胆”指的是谁？（越王勾践）

（14）“人生自古谁无死，留取丹心照汗青”是谁留下的千古名句？（文天祥）

（15）明朝时，谁七次下西洋？（郑和）

（16）1662年，是谁成功打败荷兰殖民者，收复了台湾？（郑成功）

（17）在哪一年又是谁在进行虎门销烟的？（1839年，林则徐）

（18）我国一共有多少个民族？（56个）

竞赛结束，成绩落后的小组为同学们唱一支歌。

（四）了解祖国的象征——国旗、国徽、国歌

（1）说说你对国旗、国徽、国歌的了解。

（2）国旗是象征着国家的旗帜，它代表国家的主权和尊严，是国家的标志。国徽是国家民族精神的象征，工农阶级的象征，我国人民大团结的象征。国歌代表着中国人民的呼声，代表着中华民族在五千年的历史长河中，不断反抗压迫、艰苦奋斗、自强不息的精神。

（3）我们应该怎样对待象征着祖国的国旗、国徽、国歌？（懂得尊敬国旗、国徽，会唱国歌也是爱国的表现）

（五）畅谈理想，树立报国之志

（1）主持人：我们的祖国母亲，是世界上最美丽、最伟大的母亲。她有着山一般的意志，海一样的胸怀。作为一个中国人，我们最爱的是自己的祖国。我们少先队员们作为祖国的未来、新世纪的新接班人，大家应该以怎样的实际行动来为我们的祖国做贡献呢？

（2）学生自由交流、汇报。

班主任小结：热爱祖国，不是一句口号，也不是一堂主题班会能全部体现的，它更多体现在同学们日常的生活中，爱父母、爱老师、爱同学、爱班级、爱学校，学会分享、勇于承担、敢于担当。无论身在何处，我们都不能忘记自己是中国人，为自己是中国人而感到荣耀。

（六）全体起立，再次齐唱国歌（略）

（七）主持人宣布活动结束（略）

【班会效果】

1. 学生更加了解国旗、国徽、国歌的相关知识，在升旗仪式中唱国歌环节的参与积极性更高。

2. 学生通过小故事的分享和知识竞赛的参与了解了更多爱国知识，爱国主义的内在驱动力更强。

3. 也可能会出现学生把所有行动都和爱国思想联系在一起的心理，需要班主任多留意，及时进行正确的引导。

【班会反思】

1. 学生通过课前的准备工作，提升了信息获取能力，对其他学科的课前准备学习有一定的帮助。

2. 参与课堂里个人环节的学生有了一些活动组织经验，能给以后班级集体活动提供一些组织经验。

3. 小组间的知识竞赛这类活动让每个学生都成为课堂的主体，学生们的集体荣誉感会得到提升，班级会更有凝聚力，学生也会更加乐意团结协作，积极参与到更多的课堂活动中来。

直面挫折　笑对困难

黄　诚

【班会背景】

当前的孩子们是家中的宝贝，心理承受能力差，抗挫能力差，有的根本受不了半点委屈，通过心理健康教育和多彩的活动，正确引导学生形成坚强的个性品质、健全的人格。为此，举行“直面挫折　笑对困难”主题班会。

【班会目的】

1. 使学生认识到人生旅途中难免遇到坎坷和挫折，应有面对挫折的各种能力和接受挫折的心理准备，有变挫折为动力的意识；

2. 让学生树立信心，能够正确对待挫折，提高抗挫能力，掌握正确对待挫折的办法，学会做生活的强者。

【班会准备】

1. 提前下载《真心英雄》《奔跑》这两首歌，利用晨会教唱。

2. 全班动员，撰写关于自己生活中曾经遭遇到的“困难”。

3. 搜索古今中外名人从挫折中汲取力量、走向成功的实例。

【班会过程】

主持人开篇：

罗：Good morning，our dear parents and teachers.

袁：Good morning，every lovely classmate.

王：尊敬的叔叔阿姨们，老师们。

邓：亲爱的同学们。

合：大家早上好！

我们宣布："直面挫折　笑对困难"主题班会现在开始！

（一）认识挫折

（PPT出示）

罗：请同学们想一想，这些祝福语代表了人们怎样的心愿？（点名回答）

在生活中，我们常常祝愿他人万事如意、心想事成、一帆风顺等，但是恐怕并没有人真的相信能够像他人祝愿的那样，那些祝福只是人们良好的愿望而已。

袁：在现实中，每一个人的生活道路都不可能是一条笔直、宽阔、平坦的大道，总是布满坎坷与荆棘。坎坷在每个人的生活中都存在着，只不过或大或小罢了。

王：这些崎岖、荆棘和不如意，就是我们平时所说的挫折，也可以说是困难。

邓：那到底什么是挫折或困难呢？我们先来看一个案例：

1918年，13岁的高士其以优异的成绩考入了清华留美预备学校，学校授课全部要用英语，可高士其入学时只懂一点英语。入学时，除了英语他的各门功课都特别突出，学校特准他一入学就跳了一级，怎么办？他不懂英语，是无法听课的，时间一长，各门功课都要落下来。少年高士其遇到了人生中的第一次较大的考验，可以说这是遭受的第一次挫折。但高士其没有退缩，没有等待，没有犹豫，他是个迎着困难上的人。他把英语单词记在一个小本子上，每天清晨一起床就背。有些单词发音不准，他就用家乡福建话注音，就这样他硬是把一个个单词背下来了，经过半年的努力，他竟然获得了英语优等奖章，而且接着又开始自学起法语和德语来。

罗：请同学们思考以下两个问题。

（1）少年高士其遇到了什么问题？他是怎样对待的？（指名回答）

（2）你在生活中有没有相似的经历，你是如何对待的呢？（讨论后指名回答）

（二）了解挫折

王：挫折与人生相伴，困难与我们成长随影。

邓：同学们，在你们生活中、学习中也一定遇到过或大或小的困难吧！请大家谈谈我们的学习生活中有哪些“挫折”。（然后每组请一个代表上台分享）

王：接下来我们来分析挫折可能产生的原因。

生：（讨论后指名回答）

邓：看来，挫折的产生有自然环境和时空限制，人的生老病死、天灾人祸造成生离死别，同学之间的矛盾，家长和老师的不理解，人的容貌、身材、体质、能力、知识水平等的限制，这些因素都有可能导致挫折。

王：每个人都有他自己的人生理想，有一个奋斗的目标。有志者总会不断地努力，向着自己的人生目标迈进，但在奋斗的过程中，总难免遇到这样或那样的挫折，挡住你前进的脚步。在这种情况下，人们就会产生不安、失意等情绪体验，并伴随着相应的外部行为反应，这就是挫折。

（三）感受挫折

罗：刚刚同学们已经找出了自己现阶段的困难，接下来请欣赏寓言故事创编小品，掌声有请。

（小品表演）

袁：谢谢5位同学的表演，其实这个故事告诉我们一个道理：当我们跌倒以后，只有我们自己才能救自己，在哪里跌倒就要在哪里站起来！掌声再一次献给这5位同学。

罗：都说成功人士后面都有一段故事，接下来我们就一起来倾听伟人或名人是如何对待挫折的，感受名人的光辉！掌声有请！

（同学来讲，同时播放PPT）

袁：谢谢以上同学的分享，名人故事里我读懂了，态度决定一切，不同的态度，有不同的结果。

罗：如果遇到困难选择逃避、放弃或者是半途而废，这些都只能有一种结果，那就是失败。

袁：如果我们积极面对困难的挑战，迎接我们的一定是成功！

（四）善待挫折

王：同样的挫折，不同的人在不同的心态下往往会有不同的结果。那遇到挫折后我们应如何对待呢？请同学们把你的应对方法写下来吧！（小组分享）

邓：下面请我们的家长代表分享！

王：谢谢________的分享，下面有请廖老师给我们分享解决困难的方法。

师：（对挫折要有正确的认识和心理准备，要培养坚强的意志，还要多与人交流。

还可以写日记、听音乐、打球、购物。宣泄法、音乐疗法、转移注意法等。）

王、邓：挫折是人生的一笔财富，从某种程度来说，它是我们事业成功的基石。经历挫折，可以磨炼我们的意志，可以促使我们去学习更多的知识，迎接更大的挑战。

（五）欣赏歌曲，并寻求榜样的力量，战胜挫折（《真心英雄》）

罗：虽然困难与人生同行，但是我们不怕困难！

袁：有句歌词是这样写的，“不经历风雨怎么见彩虹”。它告诉我们：人必须经历挫折，才能培养出坚忍不拔的抗挫折能力。

王：要勇于正视困难，磨炼自己，才能取得成功。

邓：请全体同学、叔叔阿姨们起立，一起大声唱出《真心英雄》，（大家合唱）下面请班主任陈老师进行小结发言。

罗：“宝剑锋从磨砺出，梅花香自苦寒来。”

袁：困难和失败在人生的道路上不可避免。

王：孟子说，“故天将降大任于是人也，必先苦其心志，劳其筋骨，饿其体肤，空乏其身，行拂乱其所为，所以动心忍性，增益其所不能”。

邓：巴尔扎克曾说，“挫折对于天才是一块垫脚石，对于能干的人是一笔财富，对于弱者是一个万丈深渊！”我们要做生活中的强者，正确认识承受力，迎接新生活。

罗、袁：谢谢爸爸妈妈们的聆听！谢谢同学们！我们班会课到此结束！

王、邓：谢谢！（行鞠躬礼）

齐：奔跑吧！少年！

《奔跑》歌声响起……

【班会效果】

1. 学生初步认知困难常常有，看你如何对待。

2. 能学会一些面对困难时的处理方法，逐步形成健全人格。

3. 进行一些后续的体育类抗挫折游戏，如“抓蜻蜓”“小兔搬家”等。

【班会反思】

如何教会学生们正确对待挫折，让他们在生活的考验中得到成长？我们可以利用现实生活中成人事件的榜样作用，还可以利用文学作品中人物性格魅力的作用。要让学生正确地认识挫折，减少其带来的负面影响，成人给学生做出的榜样有着十分重要的作用。同样，文学作品具有较强的教育意义，善于利用文学作品可以帮助孩子正确认识挫折，帮助学生形成面对挫折的正确态度。面对挫折，是培养学生情感、智力的重要内容，也是我们教师对孩子进行心理教育的重要一环！

不要告状，除非是大事

李婕媛

【班会背景】

二年级小学生几乎都爱告状，让老师头疼不已，不是说“老师，某某鄙视我”，就是说“某某乱扔垃圾……”很多鸡毛蒜皮的小事。这样的告状多了，既不利于同学间友好相处，也不利于学生独立解决问题能力的培养，还扰乱了正常的教学秩序。为了创设良好的学习环境，增进孩子们的友谊，有必要针对这一现象展开班会主题活动。

【班会目的】

1. 在情境表演中，学习基本的解决问题的方法，初步培养独立解决小问题的能力。

2. 阅读绘本，明确什么事情应该告状，什么事情不应该告状。

【班会准备】

1. 观察小结班级学生大体存在的告状问题，进行行为分类，以便课堂有针对性地谈话导入和展开教学。

2. 通过上网，查找搜集班主任的教育智慧和学生告状的行为归因等理论依据。

3. 准备好电子版的绘本《不要告状，除非是大事》，音频或者视频。

4. 准备好小纸条，用于课堂学生写感受。

5. 制作班会课PPT，设计班会过程和讲话稿。

【班会过程】

（一）直接导入，引出主题

（1）播放学生告状的小视频，吸引学生的兴趣。

（2）谈论班级告状现象，引发学生关注。

（二）情景讨论，授之以渔

1. 有人打你怎么办?

教给学生的办法：退后一步（让自己进入安全境地），眼睛看着对方（眼神交流），说："打人是不对的（讲道理）。你再打人，我就要报告老师（搬出权威，为己助力）。"在这样的情况下，只要对方不是"穷凶极恶"之徒，一般都可化解对方的攻击行为。

2. 看到其他同学在课堂上违反纪律时，你该怎么办?

习得办法：可以悄悄提醒他，眼睛看着他，指指老师；或向对方做个暂停的手势。

3. 明道理

当别人出现问题时，他最需要的是你的提醒，而不是向老师告他的状，这才是对同学最好的帮助。

（三）直接沟通，代替告状

1. 纸条传声——同学，我想告诉你

写出和你交往的同学让你觉得不舒服或者违反了班规的方面，如卫生习惯、课堂学习、课间游戏等，并尝试给他提出建议。写完后，交到他的手上。

2. 面对面沟通——同学，我想跟你说

找一两名班上在课间经常闹矛盾、打架、争吵的同学，让他们直接沟通，或者让班上的孩子提出他们的看法和态度，直接给他们提出建议，让他们明确改进的方向。

（四）绘本阅读

绘本《不要告状，除非是大事》内容简介：

故事讲一位老师——麦太太，班里有19个学生，这19个学生是19个爱告状的家伙，她整天忙着解决学生的告状事件，如一个四处灭火的消防队员，最后倒在了那杯端起了四次都未能喝成的玉米汁前。老师"扑通"倒地后，孩子们都吓呆了，所幸老师并无大碍。于是，麦太太班里诞生了一条班规：不要告状，除非是大事。

（1）共同阅读绘本，播放音频或者视频。

（2）引导大家讨论我们班是不是也要制定“不要告状，除非是大事”的班规。

（3）结合实际情况讨论：对于我们来说，什么是大事，什么事必须告诉老师和父母，什么时候需要叫大人。

孩子们在讨论过程中，对生活中需要告状的“大事”形成直观的认识：有人受伤或处境危险；有人伤害你或者伤害小动物；有人破坏一些公共设施等。

（4）梳理讨论的意见，写在“不要告状，除非是大事”的班规里，并经常让学生对照、执行。

（5）设立班级“调解员”“公安局长”等职务，并进行逐层分组处理。

（五）小结班会

通过这节课，我们明白了“不要告状，除非是大事”，如果班上学生打架、受伤、生病、损害公物等大事，一定要告诉老师；如果和同学的矛盾，自己尝试解决后解决不了，要告诉老师。除此之外，小矛盾我们要去观察，直接向同学表达自己的观点，而不是去告状。

【班会效果】

1. 学生通过同学间的调节，尝试独立地解决问题，给学生提供沟通倾诉的途径，通过不断的行为强化，逐渐减少没大事告状的现象。

2. 在班级开展“发现同学闪光点”“夸夸我的好同学”“夸夸我的好老师”等系列活动，引导学生关注班级同学正向积极的言行，用更阳光的心态看待身边的人和事。

3. 在班级群里告诉家长怎样处理孩子之间的矛盾：孩子之间打打闹闹是正常的事；当孩子向自己述说时，要告诉孩子，在学校发生的事，要去找老师反映，让老师解决；如果孩子在校外和其他同学发生冲突，千万不要找对方家长理论，因为我们都有私心，会不自觉地去指责对方的孩子，会让对方孩子的家长教育自己的孩子，这样不会解决问题，反而会把矛盾激化，最后闹得不愉快，甚至上升到两个家庭之间的矛盾，最好的方法是反映给老师，让老师去处理，因为孩子都是老师的学生，老师会公平处理事情，共同教育孩子的。

【班会反思】

教师不要小看“告状”这件事，在当今时代背景下，学生拥有很强的话语权，我们不仅要注意到告状现象本身，还要关注孩子背后的家长。

首先，我认为要正确看待“告状”现象，分类处理：

（1）学生有的是真的受到了委屈，这就要谨慎处理。

（2）老是关注着别人的风吹草动，跟他有关的没关的，都愿意来跟老师说说，对于一些无伤大雅的事，听听即可，对于一些重要事情，我们可以重点处理。

其次，处理“告状”事件，我觉得要因事而异，有的孩子告状只是为了让被告人知道他已经告诉老师了，那么我们就可以说一句“好的，我会批评他的”，他可能就欣然接受了。但是有的事件譬如打架纠纷，就需要家长，甚至学校的介入，这样处理起来会更快更好。

好习惯，早养成

王 翠

【班会背景】

水滴石穿。良好的思想道德的形成不能一蹴而就，需要在生活中点滴积累，逐步养成：孩子亲身经历的事，往往对他们的影响更为直接、具体。让孩子们在点滴小事中培养良好的行为习惯，是体验教育的功能所在。

二年级学生还处于小学阶段低年级段，他们对自己的行为约束力差，留意力轻易分散。观察事物往往比较笼统，不够精确。心理活动表现为既爱说又爱动。他们的有意留意的时间持续不长，且留意力多与爱好情感有关。

针对二年级学生的习惯现状及身心发展特点，制定本节班会课。

【班会目的】

1. 选取学生日常生活中的真实事例，让学生自己教育自己，促进学生养成良好的学习习惯、自理习惯、安全习惯等，使学生认识养成教育的重要性和必要性，从小养成良好的道德意识和各种文明习惯。

2. 让他们在活动中体验到自己成为生活小主人的那份快乐。

【班会准备】

1. 调查学生在家的表现（拍照或录像、自制课件等）。

2. 收集家长对孩子评价视频。

3. 会场布置：黑板以美术字显示班会主题，黑板下方画着和主题相关的图画。

【班会过程】

（一）导入

同学们，你们好！从一年级开始，我们班就进行了“好习惯，早养成”的主题教育，那你们到底做得怎么样了呢？今天我们就通过这节班会来检查一下。今天这节班会由主持人甲和主持人乙主持，下面让我们用最热烈的掌声请他们上台！

主持人合：同学们，大家下午好！我们今天班会的主题是（指大屏幕，领全班读）——好习惯，早养成。要养成良好的习惯，就必须做到（指大屏幕，领全班答）——在家做个好孩子；在校做个好学生；在社会做个好公民。

（二）活动开始

第一篇章：在家做个好孩子

主持人甲：家庭是我们生命的摇篮，父母是我们的启蒙老师。中国有句古语：“百善孝为先。”父母含辛茹苦地把我们养大，我们就应该孝敬父母。

（1）那么你在家里是怎样孝敬父母的呢？请举手回答。（主持人补充：除了这些，我们还要做到：不惹父母生气，不顶撞父母，听从父母教育；好的东西先给父母吃；记得父母的生日等）（评语：真孝顺；真懂事；真有孝心；真是父母的贴心小棉袄等）

（2）这个学期一开学，我们班就进行了“孝心在行动”的体验活动。下面就请大家一起来看一看我们班学生在家的表现（播放几段学生在家表现视频）。

（3）其他学生对视频中的同学的行为进行评价。

（4）自己的事情自己做。师导：前段时间到一些同学家走访，就听你们的家长说，你们长大了，懂事了，不仅懂得孝敬父母，还学会了自己的事情自己做，是真的吗？主持人：我们的爸爸妈妈又是怎样评价我们的呢？请王老师给我们讲讲（播放家长对孩子评价视频）。

第二篇章：在校做个好学生

（1）主持人甲：作为学生，学习是我们的责任和义务，因此我们要养成良好的学习习惯。

①请看情景模拟展示《上课》。

②从刚才的模拟展示中，你知道了什么？请举手。

（2）主持人乙：讲文明，讲礼貌，是我们中华民族的传统美德。要塑造一个人的美好形象，首先要做到说话文明。下面请看小品《课间十分钟》。

① 指名2—3名学生发言，并做简评。

② 在学校我们应该养成哪些文明的行为习惯？请发言。

第三篇章：在社会做个好公民

（1）主持人甲：社会是个大家庭，是检验我们行为习惯的大熔炉，我们做得好不好，在这里才真正地得到最充分的体现。因此，我们不光要做到在家是个好孩子，在校是个好学生，更重要的是要做到在社会是个好公民。

① 那同学们平时是怎样做个好公民的呢？我们就来抽签答题检查一下。请武陈玥准备好抽签盒给同学们抽签，请同学们把抽到的签给我。

② 除了上面这些，我们还应该做到哪些呢？请王老师给我们补充讲讲。掌声有请！

（2）主持人乙：看来，养成好习惯实在是太重要了，希望我们全班同学向身边的榜样学习，养成更多的好习惯，改掉坏习惯。下面请王老师对我们这节班会作一下小结，大家欢迎！

（3）主持人合：好习惯，早养成！“勿以恶小而为之，勿以善小而不为。”让好习惯永远陪伴着我们吧！现在请大家拍起手来跟着我们唱《行为习惯拍手歌》，让我们把良好的行为习惯永远铭记在心中！

你拍一，我拍一，小孩少打游戏机；
你拍二，我拍二，垃圾装进塑料袋；
你拍三，我拍三，进了教室要坐端；
你拍四，我拍四，正确握笔写好字；
你拍五，我拍五，有益书籍天天读；
你拍六，我拍六，上下楼道请靠右；
你拍七，我拍七，放学路队要整齐；
你拍八，我拍八，诚实守信人人夸；
你拍九，我拍九，穿戴整洁系好扣；
你拍十，我拍十，做个文明好孩子。

【班会效果】

预期教育效果：小学低年级的孩子单纯、好动，对一切事物都充满了好奇，在习惯方面的可塑性很强。相信经过这次班会的教育，学生对于好习惯养成有了更深的认识，在以后的生活和学习中会更加注重自己的行为及习惯养成，真正做到在家做个好孩子、在校做个好学生、在社会做个好公民。

后续活动安排：重点对学生进行一日常规的培养和良好行为习惯的养成教育，留意开发学生的智力，培养学生学习爱好，发挥他们的特长。

【班会反思】

由于习惯的养成需要一个反复的过程，所以除了在班会课上展开习惯养成教育，其实在平时任何时间都需要不断重复培养学生养成良好习惯。

对于这一次以培养良好的行为与学习习惯为主题的班会，班会的目标主要是让学生体会到习惯的重要性，养成良好的行为习惯和学习习惯，告别不良的行为习惯。班会的主要形式是讨论。学生大都有自己独立的思想，道理从他们自己或者小伙伴的口中讲出比老师说教，对他们来说更为容易接受，事实证明，讨论式班会效果也更好。

在班会课以外，时时刻刻都要落实关于习惯养成的培养，只有一出现问题，及时以不同的方式对学生进行反复教育，最终才能使得良好习惯真正落实，总之，良好习惯养成教学是持久战，班主任必须和学生共同努力，一旦松懈的话，坏的习惯可能又浮出水面，不利于班级管理。

开启新学期　一起向未来

徐葆玲

【班会背景】

因为疫情的影响，学校再次推迟上课，学生回校受阻，寒假一延再延，而且在“双减”的政策下，一、二、三年级不能上网课。这样，在正常恢复学校教学后，学生的学习和心理在适应性上或多或少会有一定的影响。为了消除不良影响，鼓励学生尽快适应学校生活，故而开展此次活动。

【班会目的】

1. 交流假期中的趣事，感受假期的快乐。
2. 分享冬奥会的观看心得，体会冬奥健儿的拼搏精神。
3. 交流延课期间的居家自主学习收获。
4. 交流对新学期的展望，制订计划。

【班会准备】

1. 收集同学们的寒假实践活动资料。
2. 收集冬奥会相关资料。
3. 同学们准备自己喜爱的运动员资料介绍。
4. 收集延课期间同学们的活动资料和计划表。

【班会过程】

经过一个漫长的寒假，跨过一段严峻的疫情时光，我们终于再次相聚在二

（2）班，真的特开心，新学期我们还能在一起学习，一起游戏，一起成长，一起进步！我希望我们的新学期，每天都有美好的事情发生，每天都过得很充实。全班50个小天使在生活上互相帮助，在学习上你追我赶，像冬奥健儿一样有拼搏的劲儿。

现在让我们先来回顾寒假中大家快乐的样子。

活动一：我的充实生活

（1）展示优秀的寒假作业。

（2）每个小组各自分享一件寒假中发生的趣事，请学生代表讲讲自己的寒假生活。（可以播放相关活动图片、视频）

（3）出示寒假实践活动表扬学生名单，观看视频资料，鼓励其他同学做生活的有心人，将自己充实的生活记录下来。

教师小结：充实有规律的生活会让我们变得更快乐，希望新学期上课认真听，课后静下心完成作业后舒舒服服地做你想做的事。让我们做一个和时间赛跑的人，努力学习，收获成功。

活动二：感受冬奥

这是一个喜庆吉祥的寒假，也是一个让人热血沸腾的寒假，大家都看过冬奥会，相信很多中外的奥运选手给你留下了深刻的印象，现在就让我们来感受感受他们身上的拼搏劲儿。

（1）播放激动人心的奥运视频。

（2）学生代表讲讲奥运健儿的故事。

教师小结：冬奥会结束了，我们除了看到他们在赛场上拼搏的身影，更不能忽略他们为这一次比赛，每天接受高强度的训练，有的还经受着伤病的折磨，他们之所以能坚持下来，这股拼搏的劲儿绝对是关键。在学习上，同样需要这样一股劲儿，今天的自己和昨天的自己比一比，到底有没有进步。和身边的同学比一比，学习他人的优点，一起进步。因此希望新学期二（2）班50个同学心中都要有这样一股拼搏的劲儿，你追我赶，绝不退缩。

活动三：我的新目标

（1）学生写下自己的新学期目标。

（2）大声说出自己的目标（小组内交流，代表班级交流）。

教师小结：听了同学们的发言，我想送给你们三个词——梦想，勤奋，实践。有了梦想，就不会让我们在努力中失去方向，加上勤奋，我们就能沿着自己的目标每天进步一点，在实践中收获，在实践中创造，创造出属于自己的一片天地。

【班会效果】

1. 能够顺利收心，全心投入学习。

2. 激发学习热情，激励同学携梦前行。

【班会反思】

1. 充分利用新闻热点，结合班级情况进行活动，贴合生活和学生实际，减少脱节感。

2. 在学生收集资料的过程中，故事中的人物事件带给学生更直观的感受，主动体会比被动接受更能深入理解。

我与诚信交朋友

徐亚玲

【班会背景】

“我与诚信交朋友”的设计源于二年级《社会主义核心价值观》教育读本之诚信友善主题第三章，遵守诚信行为，不要小聪明。落实培养有理想、有本领、有担当的时代新人目标。

【班会目的】

为了配合现今社会对诚信教育的重视以及学校对此所展开的诚信教育系列活动，更为了让同学们能够更加深刻、深入地了解诚信、认识诚信的重要性和必要性，真正践行社会主义核心价值观，我们班展开了以诚信教育为主题的班会，让同学们在活动中、在讨论中明白，只有诚信待人，才能融于班级、融于学校、融于社会、融于生活！特意设置了3个目的：

1. 通过活动，让学生了解诚实的内涵，知道诚实待人、乐于助人是一种美德。

2. 运用发生在学生“身边人，身边事”的案例，激发学生做到“言必信，行必果”。

3. 通过活动，弘扬中华民族的忠诚守信文化，提高学生的诚信文明素养，使其成为一个品德高尚的人。

【班会准备】

1. 开展社会调查，调查“身边人”的失信行为和守信事例。

2. 查阅诚信的故事，初步感知诚信对人类社会的重要影响。

【班会过程】

（一）导入

主持人1：敬爱的老师们。

主持人2：亲爱的同学们。

主持人合：大家早上好。

主持人1：我是主持人刘昱瑶。

主持人2：我是主持人谢子涵。

主持人1：如果人们喝牛奶时担心掺了水。

主持人2：如果人们买东西时担心是伪劣产品。

主持人1：为了解决这些问题，我们今天开展“我与诚信交朋友”的主题班会活动。

（二）汇报环节

1. 什么是诚信

主持人1：子涵，你说什么是诚信呢?

主持人2：我们有请无限组的成员帮我们解答吧。

无限组：只有拥有诚信的心，才能取得成功。

组长：经过调查，我们收集了许多诚信的事例，下面让我们为大家进行解说。

成员1：我帮同学保守了一个秘密。

成员2：诚信是不在背后说人家。

成员3：诚信是看到自己拿错了东西马上还回去。

成员4：诚信是拿了别人的东西要跟别人说，不说谎话不骗人。

成员5：诚信是答应在家里帮爸爸妈妈打扫卫生，就主动帮大人做家务。

成员6：我还查到在《说文解字》中，诚，由言字旁和成组成，言代表人说的话，成是实现的意思，合起来，就是说到做到。

组长：在生活中，我们要做一个诚实守信的人，让自己变成一个受人欢迎的人。我们的汇报完毕，谢谢大家!

师：谢谢无限组让我们看到了生活里的诚信，希望每个孩子都能够和诚信做朋友！

2. 诚信调查汇报

主持人1：感谢徐老师对我们寄予的期望。诚信是一面镜子，照出了我们的内心。

主持人2：诚信是一把尺子，测量了我们的标准。

主持人1：刚才无限组告诉我们什么是诚信。

主持人2：现在请超人组分享一份诚信调查报告。

超人组：我诚信、我成功，我们是实践调查超人组。

组长：我是组长宋怡霏，我们小组在马路边，在小区、公园，在教室里做了一次诚信大调查，发现了身边存在很多诚信问题，请我的组员为大家说一说。

成员1：我看到有同学没有戴红领巾，当值日生问的时候，却说自己放书包了，有5个人干过这事。

成员2：有很多人把垃圾丢在地上，不放在垃圾桶里。

成员3：我问过10个伙伴，放学回到家里，答应妈妈要按时完成作业，明明半小时可以写完的作业，却写了2小时。

成员4：周末，我和妈妈一起观察6次大家过马路走斑马线的情况，在45人中，发现有36人走了斑马线，9人随意穿过马路。

成员5：我还想补充一下，周末我看到红灯还亮着，但是没有车经过的时候，有行人直接闯红灯了。不遵守秩序，就是不讲诚信。

组长：主动承认错误并改正是诚信，把自己丢的垃圾和周围的垃圾捡起来丢在垃圾桶里是诚信，过马路走斑马线、不闯红灯是诚信，你们能够做到吗？

师：原来诚信就在我们的生活中。我有一个学生，在读书的时候特别优秀，各方面都特别出色，可是他毕业出国找工作的时候，却没有一个公司录用他，你们知道为什么吗？原来有一次他乘车的时候逃了一次票，结果所有公司都不接受他，他找不到工作。

3. 讲诚信故事

主持人1：因为一次失信，这个人错失了机会。

主持人2：讲诚信的人一定是受欢迎的人，是品德高尚的人。古往今来有许多诚信故事，请梦想小组讲诚信故事。

梦想小组：有诚信就有希望。

组长：我们为大家带来了手抄报，把故事藏在图画里，请我的伙伴为大家展示。

成员1：亲人之间的诚信故事《曾子杀猪》，大人对小孩子要做到说话算数，不能骗人。

成员2：朋友之间的诚信故事《一诺千金》，一个人讲诚信，当他遇到危险的时候，就会得到朋友的帮助。

成员3：商店里的诚信，店主供奉关公尊位，他们要传承忠义，对客人讲信用的诚心。

成员4：关于食品的诚信故事，吃健康的食物、不过期的食物对身体有好处，食品生产制造者一定要讲诚信。

成员5：社会场所中的诚信，主动排队不插队，主动买票不隐瞒身高，就是讲诚信。

组长：我们的作品全部贴在展板上，欢迎大家欣赏学习。我们的汇报完毕，谢谢大家。

主持人2：谢谢梦想小组分享这些生动、有趣的诚信故事，绘画精美的手抄报。

4. 观看同学的诚信小视频

主持人1：信守承诺，是一种为人处世的美好品德。在德育处开展的“养成好习惯做个好少年，诚信友善好少年”的评比中，我们班涌现了很多诚信君子，他们平时是怎么做的呢？

师：每个孩子都收获了成长，养成了良好的习惯。相信信任的种子已经种在了你们心中。

（三）制作诚信书签

师：诚信是中华民族的传统美德，需要我们每一个人去传承与发扬，也需要时刻提醒自己。现在，请你们拿出制作好的诚信书签，在小组内交流。

师：诚信是滋养生命的雨露。请把你的诚信书签大声读给同学听，再贴到黑板上的大书上。

（四）通过好友请求

主持人1：听，诚信打来微信电话，他要和你交朋友。恭喜你和诚信是朋友啦。

主持人2：诚信说，他要和我们大家做朋友！

全班齐：诚信和我是朋友。

（五）结束语

师：拉钩算数，一百年不许变。希望你们都能够做到说老实话，办老实事，做老实人，把我们优秀的民族精神一代一代传承下去。

主持人：谢谢徐老师对我们的诚信教导和殷切希望，诚信的种子已经种在心中，我们都立志做诚实守信的人。

师：我宣布二年级（2）班“我与诚信交朋友”主题班会活动到此结束，谢谢大家。

（六）提纲挈领，板书设计

【班会效果】

在这节课的学习中，学生自己去体验诚信，有感而发然后懂得去寻找诚信，懂得诚信的重要性从而发扬诚信，带动身边的人共同做到诚信。课堂最后的诚信盟约，就是学生对本节课的感受及体会总结，让学生自我感受，加深认识和体会，可以更好地激励学生现在做一个诚实守信的好学生，将来做一名诚实守信的好公民。

【班会反思】

从准备到展示这堂课，我和学生一共花了将近两周的时间，虽然展示只有

40分钟，但是我和学生都有不少收获，当然我个人认为还是存在相当的不足之处的。为了将来的教学和成长，下面我就本堂课进行课后反思：

1.“把课堂交给学生”是新课程的理念。在新课程理念下，课堂教学讲求启发式、探究式学习，我积极引导，用恰当的活动设计，使学生去主持，去做调查，去寻找故事，去发现身边的诚信事件，让学生充分体验，去创新，达到学以致用。学生是课堂的主角，力求从学生中来，再回到学生身上。

2. 为了达到帮助学生认识诚实守信的重要性和基本要求，并懂得自觉践行，我在教学中根据教学规律和二年级学生的年龄特点，开头引用了生活中时常出现的一些问题，通过发觉、汇报，学生对诚信有了自己的理解，激发学生情感，使课堂教学达到高潮，激发了学生的学习兴趣，活跃课堂气氛，最终提高教学质量，懂得了诚实的重要性。

任何课堂都不能做到完美，都会存在一些遗憾。首先，在学生回答问题时，让学生回答完整，体现课堂的主体是学生。其次，诚实的话题广，一节课很难谈完，个人觉得本课时没有把诚实的内涵挖掘透彻，课后还有待拓展、延伸。最后，在回答问题时，个别学生发言多，少数学生由于种种原因没有获得展示的机会，时间安排不恰当。因此，在以后的教学中，我会尽量弥补存在的不足，这将是我以后教学的改进方向。

三年级

争做文明使者

都炜煜

【班会背景】

如今的孩子是家庭的中心，平时长辈对他们宠爱有加，以致他们习惯了从自我出发，以自我为中心去看待周围发生的事情。这样的思维方式容易让他们形成在集体中不懂得谦让，在言行上不讲文明的行为。为此，对学生们进行文明礼貌教育，让孩子们从小树立讲文明懂礼貌的意识，势在必行。

【班会目的】

通过班会，引导学生的日常行为学习规范，让学生学会从他人的角度思考问题，学会人与人之间相处的尺度和基本文明礼仪，做到“热心，善良，懂分寸”。并深化学生们对于传统文化中文明礼仪的认识，培养他们争做文明学生的意识。

【班会准备】

时间：2022年2月21日。

地点：三年级（4）班教室。

【班会过程】

（一）班会开始

主持人：文明，使人举止文雅；礼仪，使人风度翩翩。现在，我宣布三年级（4）班“争做文明使者”主题班会现在开始！同学们，这次班会的主题是——文明礼仪。也许有些同学会觉得这个主题与自己无关，但是讲究文明礼仪在当今社会已越来越重要了，养成良好的文明礼仪对个人的成材有着不可忽视的作用，所以这次的班会我希望同学们能够认真对待。

（二）小品表演

首先我们来欣赏小品《上课》，请大家边看边思考：他们存在哪些不文明的行为和语言？

第一部分：

（1）老师进入教室上课，学生a、b、c三人在聊天。

（2）上课后，a趴在桌子上睡觉，b、c继续聊天。

（3）d自行进入教室，与老师争执后d离开教室。

（4）继续上课，b、c开始争吵，a参与其中。

（5）老师气愤而去。

主持人：好，小品看完了，他们有哪些不文明的行为和语言，我们现在找同学来说一说（针对以上场景，同学们进行2分钟评论）。

（三）礼仪知识学习

主持人：上面这些同学有这么多的不文明行为，那么我们应该怎么做呢？现在我们随着礼仪知识学习小组，进入礼仪知识学习大课堂。

礼仪知识学习：

礼仪即礼节与仪式，中国是礼仪之邦，礼仪一直是传统文化的核心。同学们知道有哪些礼仪规范吗？

1. 升国旗时我们要做到哪些礼仪？

介绍者：升国旗时我们应该立正站好，向国旗行队礼，我们要尊重国旗，要知道自己是一名中国人。升国旗时，要想想我国体育健儿夺得奥运冠军时升国旗的样子——目不转睛地看着国旗冉冉升起，要知道为了这一面国旗有多少人付出了生命。国旗代表着我们的国家，升国旗是一件神圣而庄严的事，我们不应该当作儿戏，不应该说话打闹，而要尊重它、爱护它。

2. 我们在学校内要做到哪些？

高雅：我们作为现代化新人，应该讲究文明礼仪。我个人认为要做到校园文明礼仪有三大点：在学校要尊重老师；在个人方面要做到不打架、不骂人、不吸烟、不喝酒，仪容仪表要符合学校规范；在同学之间要做到互帮互助、团结友爱，创造出一种积极向上、良好的环境。

3. 那我们在公共场合呢？

学生1：不去游戏厅、网吧。

学生2：看见垃圾随手捡起来扔到垃圾箱里，不玩危险的游戏。

学生3：不去危险的地方玩。

学生4：尊老爱幼，不大声喧哗，不随地吐痰。

学生5：不浪费水资源，讲卫生。

不同的公共场所对我们有不同的要求。比如，在乘车时应遵守乘车秩序，尊重司售人员，尊老爱幼；在影剧院时不大声喧哗，不乱扔废弃物；在参加大型活动时要听从现场安排，入场时不要拥挤，进场后不随便走动，不乱扔垃圾等。

他们说得都很对，我们也要像他们所说的那样做一名讲文明知礼仪的小学生。

（四）讲故事《下课》

主持人：下面有请我班的故事大王上台为大家讲一个《下课》的故事。

（主持人和故事大王共同合作把问题和故事穿插其中）

同学们听后根据故事的内容说一说小强和小刚哪儿做得不对，哪儿做得对。

（五）现场采访

主持人：今天有一位小记者听说咱们班举行有关文明礼仪的主题班会，特意从中国少年儿童报社赶来，参加我们这次的活动，大家鼓掌热烈欢迎小记者的到来。

小记者做自我介绍；现场采访。

（六）小品回放《上课》

大家还记得刚开始的那个小品吗？他们通过学习之后，有什么改变吗？大家一起来看。

第二部分：

开始上课，同学们都很认真地记笔记，积极读课文，老师很满意。（过程略）

主持人：说说这些同学有了哪些变化？（同学们自由发言）

（七）唱拍手歌《礼貌用语歌》

主持人：看到他们现在的表现，我们很高兴，这正是我们这次班会的目的。现在让我们一起唱拍手歌《礼貌用语歌》，把礼貌用语牢记心间。

（八）结束语

主持人：是啊，你给别人一个微笑，别人给你一个春天。你给别人一份温暖，别人给你快乐无限。你给别人一份谦让，别人给你敬重万千。你给别人一份真诚，别人给你温馨的思念。我们是祖国的小雏鹰，让我们插上文明的翅膀，人人都来争做文明使者。现在，三年级（4）班“争做文明使者”主题班会圆满结束！

【班会效果】

通过这次班会的开展，学生们对文明礼仪的知识有了充分的了解，并能从身边的不同场合发现不文明的行为并制止。此外，同学们明白了“勿以善小而不为”的道理，在加强自律的同时，提高了自己的精神文明素养。

【班会反思】

此次班会课的开展，也让身为教师的我明白：

1. 文明礼仪的形成需要学习，不学习，就谈不上礼仪规范，我们应该在班级里多多营造“人人讲文明”的氛围，并在班级里宣讲和学习礼仪，通过日常陶冶让同学们对礼仪知识了然于心。

2. 树立良好的师德师风，以身作则。对学生们影响最直接的就是老师了，平时在校园里，教师也应当注意文明礼仪，看到垃圾捡起来，跟同事和同学们有礼貌地打招呼，让学生看在眼里，记在心里。

垃圾分类　从我做起

傅杏兰

【班会背景】

2022年4月是第34个爱国卫生月，为更好地建设校园，帮学生树立垃圾分类观念，培养学生垃圾分类的意识，我班开展了“垃圾分类　从我做起”主题班会活动。

【班会目的】

1. 了解垃圾分类的现状及意义。
2. 掌握垃圾分类的方法。
3. 日常生活中养成垃圾分类的好习惯。

【班会形式】

1. 小组合作。
2. 活动体验。

【班会准备】

1. 视频收集。
2. 学生收集生活垃圾。
3. 制作课件。

【班会过程】

（一）视频导入，了解垃圾产生现状

（1）播放视频，引导学生了解我国每年产生垃圾的情况以及进行垃圾分类的意义。

（2）学生分小组讨论，了解深圳市推行垃圾分类的重要意义。

教师小结：垃圾是放错地方的宝贝，分类的目的是提高垃圾的资源价值和经济价值，力争物尽其用。

（二）分组讨论，了解垃圾分类方法

（1）小组讨论思考：生活中会产生哪些垃圾？这些垃圾怎么分类呢？

（2）小组成员汇报讨论结果，小结生活垃圾一般分为以下几类：可回收垃圾、厨余垃圾、其他垃圾、有害垃圾。

（3）播放垃圾分类视频，认识垃圾分类的标志。（认识桶身颜色、桶身标志、主要包括哪些垃圾、处理方法是什么）

（4）学生分小组在画纸上绘制垃圾桶颜色及标志，并贴在小组自备的小垃圾桶上。

（三）垃圾分类，垃圾减量从我做起

（1）学生将自己从家里带来的垃圾进行现场分类，装到相应的垃圾桶。

（2）快乐游戏，让垃圾回家。

（3）教师引导检查，指导学生进行正确的分类。

（4）有奖竞答，学以致用，做有关垃圾分类的判断题。

（四）节约资源，生活小妙招我能用

（1）学生讨论日常生活中有哪些环保小妙招。

（2）学生分享自己常用的小妙招。

教师小结：废水利用、纸张重复使用、减少一次性用品的使用等。

（五）教师小结，学生分享收获

开展了“垃圾分类　从我做起”主题班会后，相信每个同学都有自己的收获，学生畅谈自己的收获。

（六）唱拍手歌，巩固垃圾分类知识

你拍一，我拍一，不要随手扔垃圾。你拍二，我拍二，垃圾分成四大类。

你拍三，我拍三，可回收物利用上。你拍四，我拍四，有害餐余要处理。
你拍五，我拍五，处理垃圾不含糊。你拍六，我拍六，分类习惯成自然。
你拍七，我拍七，分好垃圾笑嘻嘻。你拍八，我拍八，垦小师生顶呱呱。
你拍九，我拍九，垃圾分类要持久。你拍十，我拍十，垃圾分类我做起。

【班会效果】

通过本次班会课的学习，学生对垃圾分类的现状和意义有了进一步的了解，学生在课堂上进行小组交流讨论，了解了垃圾分类的标准及方法。通过情境体验，学生对生活垃圾进行分类，培养了他们节约资源、从我做起的意识。

【班会反思】

通过班会活动，我看到了孩子的环保意识及理念，只有将教学与实践相结合，才能让垃圾分类的好习惯成为学生日常生活的一部分。

四方来援，诚信约束

郭海燕

【班会背景】

接班第一天，就有很多学生哭诉午休后甚至过一个课间后，放在书包里、抽屉里或桌面上的笔就离奇失踪。学生丢笔之后内心烦躁不安，上课时会因思虑笔的去处而走神，还有的在下课时会去找他们心中偷笔的同学进行争论……以上种种，扰乱班级课堂秩序，班级良好班风和学风也深受影响，因此经过和家长的沟通，再结合社会主义核心价值观之诚信，最终定下此班会主题。

【班会目的】

意在通过此次班会课让学生知道遇事跟家长、老师沟通以及懂得何为诚信、不随手拿别人东西的重要性。

【班会准备】

1. 问卷调查。用微信小程序“接龙管家”让班级学生在线填写“丢笔之后有何心情和关于怎么解决的想法”的问卷。进行统计做汇总。

2. 随机采访。学生作为小记者分组到每个年级进行1—2名路人学生的随机采访，询问关于丢笔事宜，录视频。

3. 学生分6个小组进行不同分工，研究关于丢笔的原因及应对方法。教师进行资料汇总做成课件，由每个小组学生上台来做汇报。

【班会过程】

（一）话题导入

（1）同学们，近期咱们班发生了一件大事，关乎每个同学的财产安全，需要大家重视！

（2）出示一篇本班学生所写的关于丢笔之后的小日记。以上是一位同学丢笔之后的心情和找笔的过程。

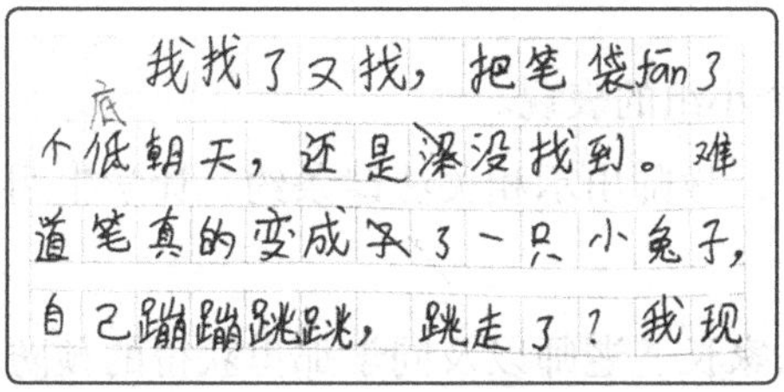

我找了又找，把笔袋fan了个底朝天，还是没找到。难道笔真的变成了一只小兔子，自己蹦蹦跳跳，跳走了？我现

图1

在还没明白这到底是怎么回事呀？

转眼又到了下午，我连笔[illegible]渣都没找到。

最后我终于在教室的墙角找到了我的笔！

图2

（二）小组汇报

第一小组：学生分工向大家介绍笔的由来，让全班同学了解笔的溯源和变化过程，从而从内心重视笔的重要。

第二小组：学生分工向大家展示全班同学在课间对自己笔的保管，出示图片和视频，让全班同学知道真正对笔的保管应该是怎么样的。

第三小组：学生从查到的心理学资料方面分工向大家介绍顺手牵“笔”者的不同心理过程，让全班同学了解拿笔者的不同动机，也让顺笔的学生真正认识到自己的错误。

第四小组：学生通过对问卷的分析统计，分别展示丢笔之后大家的心情和关于怎么解决的想法。心情用关键词形式展示，怎么解决的想法通过小组讨论选择比较有效的方法。

第五小组：学生通过随机采访1—6年级同学关于丢笔的看法，制作视频，通过剪辑，展示给全班同学看。让大家了解不同年级不同年龄学生对丢笔的想法。

第六小组：学生通过采访家长、老师，用手抄报的方式向大家介绍预防丢笔的方法。

（三）小结汇总

（1）教师小结6个小组的表现。

（2）关于顺笔者，教师出示相关法律条约，让学生明白一时的恶作剧会造成的后果。

（3）教师汇总从家长、老师以及同学那里获得的预防丢笔的方式，让全班同学重视。

（四）升华结语

（1）出示习近平总书记关于诚信的重要言论，表达主席对同学们的关切和衷心期望。请学生齐读。

（2）同学们，通过准备这节课以及在这节课上学到的，老师相信，以后大家遇到困难将会懂得去寻求帮助，要坚信大人们都会帮忙的，因为咱们祖国一直以来信奉的都是一方有难，八方支援。也请咱们班喜欢恶作剧顺笔的同学停止这种伤害他人的行为，做到诚信，约束自我。

【班会效果】

这次班会的预期效果，就是希望从此以后每位学生都能够保管好自己的物品，都能做到诚信，自我约束。

巩固班会效果的后续活动安排：每节课课间安排学生观察是否还有顺笔者，另外还有没有学生不重视自己的物品，乱丢乱放。

【班会反思】

此次班会设计中预设生成的学生成长：学生懂得保管自己的物品；学生不

会再因一时恶作剧顺手牵同学的物品；学生遇到困难懂得求助大人；学生在班会准备中锻炼到自己的胆量和语言表达等各种能力。

班级管理智慧：此次班会相当于做一次简约版的学生小课题，通过学生自我准备资料这个过程，让全班同学了解到班级丢物品事件所造成的严重后果，从而约束自我，监督他人。

做情绪主人，快乐常相伴

黄晓丹

【班会背景】

情绪伴随人的成长过程，小学三年级的学生相比一、二年级的孩子，能够比较明确地分辨自己的喜怒哀乐，但相对来讲，情绪的调控能力还非常弱，碰到不良情绪时，往往不明确应该用怎样合理的方法来控制和调节不良情绪。少年期是人生道路上一个重要的转折期，是身心发育半幼稚半成熟的过渡时期。因此，在主题班会课上对三年级小学生开展情绪调控辅导活动，有助于学生身心的健康发展。

【班会目的】

1. 了解与理解：一个人快乐与不快乐，很多时候是由心态决定的。

2. 尝试与学会：通过活动，初步尝试运用“换个角度看问题”的方法，来化解自己和同学的烦恼。

3. 体验与感悟：在活动中感悟换个角度看问题，会让人心情愉快。

【班会准备】

1. 多媒体课件的制作。

2. 准备一面镜子。

3. 准备一个“心洞箱”。

【班会过程】

（一）热身阶段：情绪镜子

（1）教师引导：孩子们，生活就像一面镜子，照出我们每个人的人生百态，今天就让我们一起来换位体验，感受下镜子眼中的我们是怎么样的？

（2）学生两两组成一队，一人当镜子，一人照镜子，当镜子的一方，要根据照镜子人的表情变化，及时调整自己的表情，几次过后，双方互换角色。

师小结：孩子们，生活就像一面镜子，你们可以选择笑着对它，也可以选择哭着对它，这把选择的钥匙，就握在你们自己的手中。

设计意图：通过这个热身活动，让学生直观体会到，生活就像一面镜子，你对它笑，它就对你笑，你对它哭，它就对你哭。一个人的快乐或者不快乐，很多时候都是由心态决定的。

（二）转换阶段：开启快乐之旅

（1）PPT出示各种情绪词语：快乐、生气、沮丧、难过等。师引导：既然镜子都握在我们自己手中，那我们何不对自己好一点，选择"快乐"呢？（课件放大"快乐"一词）

（2）今天就让我们一起坐上"快乐大巴"，开启快乐之旅。我们的目的地就是这个快乐岛上的"快乐果园"。

PPT出示：

快乐大巴、快乐岛、快乐果园。

（3）一起摘摘快乐果。

① PPT出示班级学生日常快乐场景，教师日常镜头记录下的班级快乐画面，营造快乐气氛。

② 师引导：以愉悦的心情看世界，一切都是那么美好，这是老师眼里你们的快乐。那你们眼里的快乐，是什么呢？

③ 出示：快乐是什么？生分享日常快乐小事。

（三）探索阶段：寻找"快乐秘诀"

秘诀1：分享快乐，倾诉烦恼

（1）师引导：孩了们，在你们的欢声笑语中，我也不自觉开心起来。原来，快乐是可以传染的。可是，我们的生活中，并非总是充满欢声笑语。记得有人说过——如果把快乐告诉给一个朋友，你将得到两个快乐；如果你把忧愁向一个朋友倾吐，你将分掉一半忧愁！这句话到底有没有道理呢？刚刚我们已经体验了一番快乐翻倍，现在让我们一块儿来实践下，烦恼是否可以对半！

（2）烦恼心洞：请把你目前最大的烦恼，写在纸上，不留名，写完后，揉成团，扔到“心洞箱”里。

（3）师随机采访：在扔纸团的过程中，内心感受如何？引导生体会，烦恼需要一个倾诉的渠道。

（4）师生探讨烦恼倾诉的渠道：向好朋友倾诉、向亲人倾诉、向老师倾诉、向日记本倾诉、向大自然倾诉……

师小结：快乐需要分享，烦恼需要倾诉。我们的情绪虽然摸不着、看不见，但是也一样需要整理。

秘诀2：凡事多往好处想

（1）师讲故事：《一只蜘蛛引发的思考》。

（2）学生分享感受。

（3）教师点评：对待同一件事情，因思考的角度不同，就会产生不同的想法。凡事多往好处想，就可以少一些烦恼与苦闷，多一些喜乐与平和。

（4）开启“心洞”转换：刚刚大家都把自己的烦恼写在纸上。那现在让我们一块儿来随机看看，如何将烦恼转个弯？

（5）教师讲解自身事例：今天早上出门时，发现衣服上面别的胸针不见了，很难过，转念一想，旧的不去新的不来，打开购物软件一看，原先看上的另外一款胸针居然今天在搞促销活动，果断买了。突然间很庆幸，如果不是旧胸针不见了，我也不会去看加在购物车很久的心仪胸针，之前因为价钱太贵而舍不得买，谁知今天活动促销，这么优惠，瞬间喜上眉梢。

（6）随机抽取“心洞箱”里的“烦恼”，引导学生换个角度来看待这件事，引导学生发现，得失并非固定不变，这些“烦恼”粗看可能很糟糕，但是细细一琢磨，或者稍微转个弯，又能转化成“快乐的源泉”。

师小结：看来，一个人快乐不快乐，很多时候取决于心态，凡事多往好处想。

（四）结束阶段：收获“快乐果实”

（1）这次的“快乐果园”之旅，我们收获了“我们是情绪的主人”“分享快乐，倾诉烦恼”“凡事多往好处想”这三个“快乐果实”。希望同学们能够怀揣这三个“快乐果实”，开启欢声笑语的人生。

（2）最后，请拿出你的小镜子，在歌声中，送给自己一个甜甜的笑容。（播放《歌声与微笑》，学生照镜子微笑）

【班会效果】

通过本次班会课，学生能够尝试运用“换个角度看问题”的方法，来解决自己和同学的烦恼，学会合理调节自己的情绪。

【班会反思】

此次班会设计中预设生成的学生成长：学生能够正确对待自己的负面情绪；学生能够合理控制和调节自己的情绪，努力做情绪的主人。

班级管理智慧：良好的情绪管理能够促进学生之间和谐共处，以此形成良好班风，为班级文化注入一支强心剂。

关注兴趣　发展特长　坚定理想　奋斗强国

宁　玲

【班会背景】

北京冬奥会已完满结束，但冬奥会的热度仍未散去。冬奥会期间，我班学生正值寒假，对于冬奥会的开幕式和赛事情况有所了解，普遍比较感兴趣。利用冬奥会的时事热点，对学生进行理想信念教育，能够取得较好的效果。

【班会目的】

（一）体验感悟目标

通过活动，使学生感受到良好的兴趣爱好会给自己带来快乐，会让自己获得无穷的动力，感悟到要将自己的兴趣、特长与学习相结合，将自己理想与国家富强相结合，为实现祖国的繁荣富强而奋斗。

（二）行为改变目标

通过活动，引导学生刻苦训练，坚持不懈，将兴趣发展为特长。

【班会准备】

1. 打印下发，并布置学生填写“兴趣调查问卷”。
2. 每位学生准备一个自己最拿手的作品。
3. 下载视频，制作多媒体课件。

【班会过程】

（一）时事引入，关注兴趣

（1）播放北京冬奥会新闻片段：在今年的冬奥会上，一名混血少女轻松拿下中国第三金，她被称为世界滑雪界的“天才少女”。她3岁时接触滑雪这项运动，8岁时开始学习自由式滑雪，并加入太浩湖地区专业滑雪队，9岁参加了美国的滑雪比赛，15岁时就曾获得世界级滑雪比赛的冠军，家中柜台上摆满了奖牌，对于该少女获得的这些成就，或许只能用“天才”来形容比较贴切。然而，在谈及自己成功的原因时，她却说，对滑雪运动的兴趣才是她成功的关键。

（2）说起兴趣，我们的脑海中马上会浮现我们喜欢做的事，我们的心中就会装满快乐，那么，什么是兴趣爱好，它和成长之间有什么关系呢？生汇报。

（3）孔夫子就说过：“知之者不如好之者，好之者不如乐之者。”兴趣在我们生活中至关重要，不仅仅是学习的动力，还是以后工作的动力。

（4）如果将兴趣加以培养，就会成为你的特长。同学们，你对什么事情感兴趣，它给你带来了哪些收获和快乐呢？

（二）展示成果，体验收获

（1）学生分成8个小组（预设：书法美术组、歌舞组、体育运动组、科技创新组等），在小组长的主持下上台展示作品。

（2）看了同学们的展示，老师想到了一个词，那就是“多才多艺”。在课前我了解到许多同学积极培养自己的兴趣，并且取得了一些成果，我们一起来看看吧。

（3）多媒体展示学生获得的各类奖项和取得的成果。

（三）刻苦训练，发展特长

（1）同学们，不知道你们发现了吗？当你积极地培养自己的兴趣爱好，在某方面取得一些成绩的时候，它就会慢慢变成你的特长。

（2）2月5日，北京冬奥会中国短道速滑队获得了混合接力的冠军。中国短道速滑队一名队员在采访中回忆小时候凌晨4点起床训练的经历，称自己从来不用闹钟叫醒。为什么他能做到这样呢？我们一起来看看。

（3）播放优酷视频：凌晨4点的东北有多冷？

（4）学生交流观看视频后的感想。

（5）俗话说得好，兴趣是最好的老师。但有了兴趣还不一定能成功。要成功不仅要有兴趣，有天赋，还需要不懈的努力。

（6）学生在四人小组内分享自己是如何将自己的兴趣发展为特长的，说一说自己在学习兴趣特长时印象最深的一件小事，并分享自己的感悟。

（7）将兴趣发展为特长的过程没有捷径，只有循序渐进的尝试和有意识的刻苦训练。如何做训练？我们请各小组选派几位同学来分享一下自己参加兴趣特长比赛的经历。

预设一：跑量做加法。积极参加每一项和兴趣（演讲）相关的活动，只有量的积累才能带来质的进步。

预设二：循序渐进。所有的活动、比赛都是从简单到难的，在积累了足够多的经验后才开始走出校门，参加街道、学区、市级比赛。

预设三：尊重和把握每一次机会。不管舞台是怎样的，对你的舞台要同样地尊重。我妈妈给我看过很多优秀的舞蹈演员、话剧演员、歌唱家的专访，我发现他们都有一个特质，就是从年轻的时候他们上当地的只有几个观众的小舞台，到功成名就后场场爆满，演出前的彩排环节，无论环境怎样，他们对待舞台的敬畏、对机会的认真从未改变过，我们对自己的兴趣，也是同样的道理，如果下定决心要打造自己的兴趣标签，那每一次都要做好，要尊重和把握每一次机会。

（四）学习兴趣，齐头并进

（1）培养发展兴趣可不是一帆风顺的，这不，最近，我们班的一位同学遇到了困惑，我们一起来帮帮他。

PPT出示：

我的爸爸妈妈总认为只有学习好才有出路。我从小到大想学什么东西，父母都不支持。他们说，只要和课本无关的学习都不行。现在我想学绘画，他们就是不同意。我该怎么办呢？

——小欣

（2）学生以四人小组为单位，讨论交流解决办法，每组选派一名代表上台在全班分享。

（3）各小组提出的建议听起来都不错，要解决这一问题，我们还得了解兴趣的长远意义是什么。

（4）兴趣本质是某种素质、某种能力的表现形式，例如，艺术体操本质是身体协调能力、节奏感和表现力，长期地去接触和操练某种兴趣一定会对我们的人格产生某种影响，进而也会给我们指明职业方向。一个有兴趣，忠于自己兴趣的人，相比于同龄人而言，会比较少地有感受到迷茫、无助的时候。

（5）你认为兴趣与学习之间是什么关系？

预设一：只要我们合理分配时间，兴趣的培养不仅不会影响学习，反而会成为学习助航的风帆。

预设二：学习是一件你必须要做的事儿，但是兴趣是你喜欢做的事情，当两者打架的时候，我们不一定要痛苦地二选一，因为有的时候鱼和熊掌是可以兼得的，先发展好你的兴趣，让兴趣变成特长和竞争优势，通过这个找到自己在集体中、在众人里、在学校里面的定位和自信，然后再带着积极的情绪面对学习中的困难。

预设三：我们在做自己感兴趣的事情时，要用心探索，专注投入，坚持积累。在这个过程中，我们同样可以锻炼自己的能力（比如意志力、注意力、理解能力、记忆力等）、提升自己的素质，这些非常有助于学习上的进步与提升。兴趣和学习是可以齐头并进的。

（五）坚定信念，强过有我

（1）俗话说得好，兴趣是最好的老师。但有了兴趣还不一定能成功。要成功必须先立志，然后坚定理想，不懈奋斗。

（2）“为国争光”这一理想支撑着冬奥会的运动健儿们奋斗不息，每个人都有自己的理想，运动健儿们将自己的理想与为国争光联系起来。

（3）你有过类似的想法吗？跟同学们分享一下。生汇报。

引发学生思考：作为学生，要将自己的兴趣、特长、理想与国家富强相结合，树立主人翁精神，积极投身到社会主义现代化建设中去。

（六）课堂小结，升华主题

同学们，兴趣是一扇快乐的门，打开它，你能收获欢声笑语；兴趣是一座五彩的桥，通过它，你能到达成功的彼岸。愿同学们在新学期通过自己的不懈努力，刻苦训练，将兴趣发展为自己的特长。

【班会效果】

（一）预期教育效果

通过本节课的学习，学生了解、感受到良好的兴趣爱好会给自己带来快乐，带来成就感，会让自己获得无穷的动力。对于少部分还没有形成自己中心兴趣的学生，能够激励他们去发现、关注自己的兴趣，学生认识到要通过自己的不懈努力，刻苦训练，将兴趣发展为自己的特长，将自己的兴趣、特长、理想与国家富强相结合，为实现祖国的繁荣富强而奋斗。

（二）后续活动安排

（1）引导学生制订自己的兴趣培养计划。

（2）鼓励学生积极参与各类活动、比赛，通过活动、比赛发展学生的兴趣。

（3）将自己的兴趣、特长与学习相结合，将自己的理想与国家富强相结合。

【班会反思】

通过活动，学生感受到兴趣在我们生活中至关重要，感受到良好的兴趣爱好会给自己带来快乐，带来成就感，会让自己获得无穷的动力，只有通过自己的不懈努力，刻苦训练，才能将兴趣发展为自己的特长。

全民齐健身，运动伴我行

朱洁映

【班会背景】

近年来，新冠病毒持续肆虐，人们时常面临宅家生活，学生不时要面临延迟开学困境，运动锻炼机会减少，运动兴趣降低。《中小学德育工作指南》指出，学校要加强对学生健康体魄、意志品质、人文素养和生活方式的培养；教育中，可充分利用英雄模范等杰出人物的画像和格言，引导教育学生。因此，联系抗疫英雄的运动实际，以及女足亚洲杯夺冠和冬奥会举办等盛事，及时引导教育学生，培养他们的运动兴趣，开展此次班会活动。

【班会目的】

期待通过本次班会，帮助学生了解运动的目的，知道家校运动的场地和安全注意事项；也希望通过了解运动健儿的事迹，为孩子树立运动榜样，培养运动的兴趣，使他们争做健体少年。

【班会准备】

1. 问卷调查，了解学生每天运动的时长、运动形式，决定寒假运动活动。
2. 搜集运动达人的相关资料、视频。
3. 安排学生准备快板节目。
4. 安排中队长熟悉主持流程。
5. 搜集学生运动视频、照片。
6. 准备好奖状、奖品。

【班会过程】

（一）中队长

全体起立，出旗——敬礼。（播放出旗曲）

礼毕，唱队歌。（播放歌曲）

（二）歌曲导入

（1）中队长过渡：庚子鼠年，一场疯狂来袭的新型冠状病毒，让全国人民过了一个不一样的春节。忐忑度过牛年，不料疫情又在虎年开始肆虐。虽然无法外出聚会，虽然宅得久了难免无聊，但大家都不会为此而抱怨。因为我们都明白，就在此时此刻，还有太多人冒着生命危险，奋战在抗疫一线。我们相信，只要有他们在，春天一定会如约而至!

让我们以一曲《出征》，致敬所有的抗疫英雄!（播放《出征》，师生同唱）

（2）全民抗疫，从你我做起！今天我们班会课的主题是（全班齐读）“全民齐健身，运动伴我行”！

（三）走近运动达人

（1）中队长过渡：在刚才的视频里，我们看到了熟悉的抗疫英雄。你们知道吗，他不仅是名抗疫英雄，也是一名运动达人。一起来看看钟爷爷的运动日常。

（2）出示钟南山运动视频资料，学生从中了解运动在防疫中的作用，小组内交流感受。

中队长小结过渡：同学们看得认真，交流得积极。是呀，身体是革命的本钱。只有积极锻炼，才能增强体魄，抵御病毒入侵，保持身体健康。

（四）我是运动达人

（1）中队长过渡：在寒假期间，同学们也能做到坚持锻炼，充分利用家里、小区等不同的运动场所，积极锻炼，并涌现了很多的运动达人，下面我们来认识一下都有谁呢？播放搜集的同学们的运动视频、照片。请两三位同学分享坚持运动的乐趣和收获。

（2）七嘴八舌辩一辩：这里还有一些同学们运动的照片，大家看看，有什么发现。出示不注意安全的常见运动行为，引导孩子合理运动，安全第一。

（3）同学表演快板《运动健康歌》，全班齐诵读。

（4）颁奖：寒假坚持每天2分钟跳绳的同学。

（五）冬奥精彩回顾

中队长过渡：寒假期间，恰逢女足参加亚运会，也恰逢冬奥会在首都北京举行，让我们回顾其中的精彩片段，感受运动健儿们为国争光的精彩瞬间！（播放片段）

下面请辅导员给我们小结本次班会。

辅导员小结：运动不仅可以强身健体，还可以为国争光，更可以帮我们养成不畏困难、坚持拼搏的顽强意志，希望同学们课后积极运动，争当健体好少年！

（六）中队长

全体起立——呼号；退旗——敬礼（播放退旗曲）。

【班会效果】

抗疫英雄钟南山爷爷的形象，在同学们心中十分高大，通过了解他的运动日常，同学们一定非常震撼，一定会萌发"我也要运动"的念头；在讨论交流中，大家也能明白运动时务必要注意安全，真正做到强身健体；寒假运动积极分子的颁奖，会让孩子尝到坚持的甜味；女足和冬奥运动健儿的为国争光，也激荡着孩子们的心灵。相信这次班会，能达到"帮助学生了解运动的目的，知道家校运动的场地和安全注意事项"的目标；也相信孩子会以身边同学和运动健儿为榜样，积极运动，培养起更强的运动兴趣，形成争做健体少年的风气。

【班会反思】

本次班会，以班队会的形式举行，由中队长主持，安排了学生表演、同学交流合作的活动，期待通过这样的形式，加强对学生健康体魄、意志品质和生活方式的培养，也加强学生合作交流能力的培养。教育，其实就是习惯的形成。当学生习惯了这样的班会形式后，离我设想的"让学生在班级里进行自我教育"的愿景就不远了。

珍爱生命，谨防溺水

叶瑞玲

【班会背景】

炎炎夏日到了，气温也在节节攀升，不少人选择游泳消暑。但是，中小学生溺水伤亡的事故也明显多了起来。为了使学生了解生命的来之不易与珍贵，感悟生命只有一次要好好珍惜；为了使学生懂得溺水的主要原因和自救的方法，强化防溺水的意识，开展了这次主题班会。

【班会目的】

1. 学习防溺水安全的基本常识，提高有关防溺水意识和自救的能力。

2. 通过溺水儿歌、图片等资料，了解防溺水知识，掌握溺水自救的方法。

【班会准备】

收集有关溺水的文字、图片资料，并制作多媒体课件。

【班会过程】

（一）谈话导入，激起兴趣

（1）水在哪些方面对人们的生活有重要作用？

小结：水，是一切生命之源！有了水，地球上才有生命；有了水，地球上才有清澈的溪水、秀丽的山川、蔚蓝的海洋……夏季，水更是人类的好朋友，它帮助我们洗去炎热，感受清凉无比的夏日。

（2）同学们，你们喜欢玩水吗？

（3）同学们，在炎炎夏日里，水带给我们欢笑也带给我们后悔和遗憾，下面我们一起来看一组数据。世界卫生组织发布的《世界预防儿童伤害报告》显示，造成儿童死亡人数最多的伤害是溺水。中国溺水死亡率为8.77%，其中0—14岁的占56.58%，溺水是这个年龄段的第一死因。（学生观看数据）

同学们，从数据中，你们了解到了什么信息？

（二）观看图片，营造氛围

小结：现在溺水已经成了我们的头号杀手，严重威胁我们的生命安全，夺去了很多孩子的宝贵生命！可见，预防溺水有多么的重要！下面我们来看看这些图片。（出示溺水图片）

学生观看图片，谈感受。

看了这些图片，相信大家此时的心情与我一样，久久不能平静。谁来说说你的感受？

（三）观看视频，学习方法

（出示溺水自救方法视频）

（1）过渡语：生命只有一次，每个人都应该注意安全，珍爱自己的生命，因此，多学一些自救和互救的知识和技能，可以给自己与他人的生命多一份保障，下面我们看看有哪些防溺水的安全规则。

（2）学生观看视频。

（3）小结自救方法。

对水情不熟而贸然下水，极易造成生命危险。万一不幸遇上了溺水事件，切莫慌张，应保持镇静，积极自救。

① 对于手脚抽筋者，若是手指抽筋，则可将手握拳，然后用力张开，迅速反复多做几次，直到抽筋消除为止。

② 若是小腿或脚趾抽筋，先吸一口气仰浮水上，用抽筋肢体对侧的手握住抽筋肢体的脚趾并用力向身体方向拉，同时用同侧的手掌压在抽筋肢体的膝盖上，帮助抽筋腿伸直。

③ 要是大腿抽筋的话，可同样采用拉长抽筋肌肉的办法解决。

当发生溺水时，不熟悉水性时可采取自救法：

除呼救外，取仰卧位，头部向后，使鼻部可露出水面呼吸。呼气要浅，吸气要深。因为深吸气时，人体比重降到0.967，比水略轻，可浮出水面（呼气时人体比重为1.057，比水略重），此时千万不要慌张，不要将手臂上举乱扑动，而使身体下沉得更快。

会游泳者，如果发生小腿抽筋，要保持镇静，采取仰泳位，用手将抽筋的腿的脚趾向背侧弯曲，可使痉挛松解，然后慢慢游向岸边。

救护溺水者，应迅速游到溺水者附近，观察清楚位置，从其后方出手救援。或投入木板、救生圈、长杆等，让落水者攀扶上岸。

（四）学唱儿歌，总结提升

（1）过渡语：从刚才的视频学习中，同学们都了解了溺水自救的小方法，下面我们学唱一首儿歌，加深印象。

（2）出示《防溺水儿歌》，学生学唱。

夏天到，知了叫，海边游泳真热闹。
小朋友，要牢记，下水要有大人伴。
一个人，不乱跳，安全游泳最重要。

小结：生命是珍贵的，掌握在你的手里，多一分小心和清醒，就可以带给我们欢笑，更可以避免后悔与遗憾，希望同学们通过这堂课，提高安全防范意识，养成自觉遵守防溺水安全规则的好习惯。

【班会效果】

通过本次班会课，学生了解防溺水知识，掌握溺水自救的方法。

【教育反思】

通过这次班会活动，孩子掌握溺水自救的方法，可以减少由于溺水而导致的死亡。如果班会课能渗透一些溺水后的应急抢救知识，学生的收获会更大。

四年级

管好情绪更有序

黄晓玲

【班会背景】

本着垦岗小学“博爱，智慧，立生命之基”的办学理念，学生要博爱，有智慧，必先对自己有充分的了解。而最容易被忽视的便是情绪认知。小学阶段的学生情绪具有很大的不稳定性，情绪变化较大且迅速，所以教会孩子管理情绪至关重要。

本班孩子大多数家长为深圳外来务工人员，平时对孩子缺乏陪伴，对孩子的关注也更多体现在学习上。孩子情绪表现多样化，有的很激烈，有的闷而不发，有的视而不见，但普遍缺乏感知和正确的处理方式。这导致他们在班上与同学相处时，存在激烈的动作反馈，存在部分报复心理，存在部分的忧郁。

因此让孩子们能正确识别自己的情绪，并且运用正确的解决方式，对于孩子的人际相处，身心状态的健康至关重要。管好情绪，让一切更有序。本次主题班会针对四年级学生开展。

【班会目的】

1. 体验感悟目标：感受不同情绪，正确感知、认识情绪的多样性。

2. 行为改变目标：学会掌控情绪的正确方法，及时疏导不良情绪；感受表达爱的方式，在活动体验中学习表达爱、传递爱的方法。

【班会准备】

1. 学生准备：做观察卡片记录，感受你生气的事件+感受+最后怎么解决。

2. 老师准备：图书室借阅《我不想生气》绘本1本，《会飞的抱抱》52本；准备白纸，打印空白脸谱，每张纸确保有7个空白脸谱。

【班会过程】

（一）绘本阅读，引出主题

师：小朋友们，今天我们先来分享一个故事，这是一个关于小兔子《我不想生气》的故事，究竟发生了什么事情呢？让我们一起来读一读。

（PPT播放绘本，师读故事，生边听边思考、感受）

阅读绘本时，根据绘本内容，师边读边引导生依次思考、交流问题：

（1）当你生气的时候，你的感受是怎样的？（生说感受、体验，分享经历）

（2）你有什么好方法让自己消气？（交流方法，寻找控制情绪的方法）

（3）你会为什么事情生气呢？怎么解决？

小组讨论后，师小结归纳：沟通、包容。

（二）心理调频，我来支招

（1）在班级生活中我们也常常遇到使情绪失控的事情，这里就发生了这样一件事：小山在课间和小宇发生矛盾被气坏了！数学课上，他盯着小宇，越想越气，就用脚使劲踢坐在前面的小宇。小宇气不过，回头把他的铅笔扔了。他们的同桌赶紧劝告，小组顿时乱作一团。老师只好停下了讲课……

师：如果是你，该怎么办？（小组讨论后，分享方法）

小结：愤怒是自然的，是正常的，并且我们能以健康的方式体验它、表现它。生气的时候可以到外面散步，调节心情。跟别人聊聊天，或读读书，干自己喜欢的事，让怒火平息下来。

（2）大家来动手：画情绪。生在白纸上画脸谱表示自己一个星期出现的各种心情，用彩色笔上色，而后展示自己的情绪脸谱，分享自己产生这些情绪后的境遇和控制情绪的好方法。

（三）乐观与爱，感受正能量

（1）绘本故事《会飞的抱抱》分享。

（2）活动：传递拥抱，传递快乐与爱。同学们自由拥抱你的朋友、老师，当遇到难过伤心时，当遇到挫折苦难时，及时求助身边爱你的人，他们会在身后给你支持，给你大大的、会飞的拥抱。

（四）课堂小结

师：经过这节课，你有什么收获?

小结：人的情绪就像天气一样，有各种变化。天气有晴天、阴天和雨天，人也有生气、悲伤和快乐的时候。生活中难免遇到不愉快的事情。只要我们学会调节情绪，做情绪的主人，乐观自信，相信爱，你会收获更快乐的人生。

【班会效果】

（一）预期效果

（1）学生能够识别自身情绪，找到情绪源头，避免受情绪掌控，自主去调整情绪。

（2）学生能正确疏散情绪，调和与他人的消极关系，让平和和爱意流动。

（二）巩固活动

（1）日常矛盾解决：伸开双掌，手心向上与矛盾方解决问题，表达的时候先说事件，再说感受，最后说需要。

（2）情绪赏识卡章活动：给每个同学发放一张情绪记录卡，每当自己正确地解决情绪问题时，为自己盖上笑脸章。以此动态发现自己的成果，激励自己管控情绪。

【班会反思】

学生感受到积极的情绪会对自己有积极的影响，他们发现自己的心理会表现出各种各样的烦恼，如自责、攀比、孤独、叛逆等情绪，当有了一些小方法去合理发泄自己的不良情绪，并且在集体的相处中不断强化，通过集体影响个人，渐渐地，孩子们感觉困惑自己很久的问题终于解决了，紧锁的眉头展开了，小脸上也露出了天真的笑容。

对于班主任角色的我，在班级管理上我知道我不能左右天气，但可以改变心情；我不能选择容颜，但可以展现笑容；我不能控制他人，但可以用积极的情绪影响他人。当我能用自身的力量和知识去影响学生的情绪时，学生耳濡目染，也能因此在其他方面的发展上有良好的心态，班级管理的运转便健康了起来。

如何收心，好好学习

林 飞

【班会背景】

假期已过，开学在即，孩子可能出现了如下症状：情绪低落、心慌意乱、无故发脾气、注意力不集中；和被窝难舍难分，和电脑藕断丝连，和电视依依不舍，和手机形影不离。到了学校，老师可能会发现孩子们上课老是走神，不认真听讲，作业也不好好完成。

【班会目的】

解决假期疲态，振奋学习精神。能尽快地适应学校的生活。

【班会准备】

时间：2022年2月21日。

地点：四（6）班教室。

【班会过程】

（一）通过会议聚“收心”

“感人心者，莫先乎情。”收心教育应与“暖心”相融合，教师应提前介入，效果才能最佳，假期里，教师通过视频会议询问一下学生的作业进度，需要老师提供哪些帮助；开学前，班主任通过短信告知学生应做哪些准备。这些都是很好的收心教育，不仅会给学生以莫大的鼓舞，而且会拉近师生间的感情，使学生亲其师，信其道。

（二）检查作业促“收心”

每所学校都要给学生布置假期作业，完成作业是学生假期学习的主要形式，假期作业必须做到有布置、有检查、有小结。否则，一些学生将养成应付假期作业的习惯。开学后，教师加班加点也要将学生的作业一一检查完毕，筛选一些优秀的假期作业分类进行展示，供学生观摩，树立榜样。

（三）开展活动助“收心”

开展“回想趣事分享快乐”活动，采用分组讨论：

（1）寒假里和朋友一起玩，都做了什么？

（2）和家人一起，在做什么呢？在家里还发生了什么非常有趣的事情呢？

（3）如果有旅游，谈谈你的见闻，看到了哪些景色，吃到了哪些特产呢？

进行“收心”教育，让学生了解收心的意义与方法，知道所在学校、班级、团队的奋斗目标，使学生融入集体生活中。引导学生把注意力转移到学习上来。通过这个环节，孩子们寒假的快乐情绪得到了及时的释放，把假期的快乐挽了个结。

（四）精彩课堂引“收心”

开学初，教师课堂教学最为关键，教师要精心备课，注重激发学生兴趣，把握教学容量，组织课堂讨论、小组合作学习和竞赛活动，通过灵活多样的教学方法、幽默风趣的语言、抑扬顿挫的声音、张弛有度的教学节奏，紧紧抓住学生的兴奋点，把他们从对精彩的电视剧情和刺激的网络游戏的回想中吸引过来。此外，教师可以在教材发放之际，为每位学生写下心灵寄语，营造浓厚的学习氛围。

学校要高度重视收心工作，教师要多加观察，对注意力不集中的学生及时提醒，对“假期综合征”明显的学生进行个别辅导，多措并举做好学生的收心教育。

【班会效果】

通过这次收心教育，有“假期综合征”的学生受益不少。

【班会反思】

“好的开始是成功的一半。”本次假期“收心”班会主要有四个环节：

1. 通过会议聚“收心”。开学前告诉孩子马上要开学了，让孩子有些心理准备。

2. 检查作业促“收心”。用优秀作业发挥榜样作用，激励学生。

3. 开展活动助“收心”。聊一些他们最近常聊的话题，释放快乐情绪，引入学习上。

4. 精彩课堂引“收心”。教师做好本职工作，用智慧吸引学生。虽说教学效果还可以，大部分孩子有所改变，但适应时间稍长了一些，还有只是单方面的努力，缺乏家校共育，如果合理地做到家校合作，将会出现更好的效果。

紧扣时事，共筑“新”墙

莫文娴

【班会背景】

新冠肺炎疫情给每一个人上了一堂关于人生的大课，每个人都被裹挟其中。学生经历了一个加长版的假期，各种各样的信息和生活习惯的改变难免带来一些心理问题，需要引导学生保持积极乐观的心态，去关注疫情最真实的发展情况。

响应“停课不停学”的号召，壆岗小学以本次疫情为背景，开展在线班会课，与学生一起探讨如何了解疫情时事这个话题，借此培养学生的公民责任意识，引导学生树立正确的价值观、承担自己的社会责任。使学生通过对疫情时事的关注，增强对祖国和人类的责任感。

【班会目的】

通过本次班会，让同学们对疫情有一定的了解，聚焦疫情下的防控措施和暖心镜头，学习如何进行疫情防护，为自己建筑一道安全“防护墙”。

【班会目标】

（一）知识与能力

1. 引导学生走进社会关注时事，了解和收集天下大小事，训练学生搜集材料、整理信息的能力。

2. 激发学生对新闻时事的兴趣，培养学生的表现力。

3. 鼓励学生通过多途径收集新闻，培养搜集新闻的兴趣和能力。

（二）过程与方法

1. 选择感兴趣的疫情新闻和同学交流，说明新闻的来源。

2. 培养学生介绍时事新闻和评价新闻的能力，培养关心国内外大事和关心别人的习惯。

3. 训练学生流利表达的基本能力，在具体的交际情境中，学会倾听、表达和交流。

（三）情感与价值

1. 通过新闻时事播报，使同学们对新冠病毒有更深入的了解，学会防护措施，增强健康的意识。

2. 传递战疫胜利信心，通过对逆行之人的了解，让爱国情怀、民族大义从小植根在学生的心里。

3. 激励学生关心国内外大事和身边小事，激发学生热爱生活、关注生活的思想感情。

【教学重难点】

重点：了解新冠病毒传染途径方法，科学认识，保持心理健康。

难点：激发学生的感恩之心和爱国之情，思考如何做到守土有责，守土担责，守土尽责。

【教学方法】

1. 探究式学习方法、合作学习、归纳总结等。

2. 众口说新闻，练胆第一步，也是理清思路的第一步。

3. 鼓励法，表扬法，奖项设置法。

【班会准备】

（一）学生准备

1. 课前查阅新闻网，梳理新闻定义，明确什么样的事件能成为新闻事件。

2. 学生通过报纸、广播、电视、网络等渠道，搜集国际、国内新闻，了解新冠肺炎疫情的最新概况。

3. 从搜集、了解到的新闻事件中，选择自己感兴趣的练说几遍，再想一想自己对这则新闻有什么看法。

（二）教师准备

1. 多媒体课件、新闻报道视频。

2. 布置好新闻发布会会场。

3. 邀请部分学生提前关注，如我劝老人戴口罩、减少外出、返乡隔离、辟谣网传特效药、我帮家人抢购口罩等话题。

【班会过程】

（一）听新闻——创设情境，明确方法

导入。

1. 设置“新闻发布会”情境，激发学生兴趣

（1）师模拟新闻发布会主持人：欢迎各位同学来到新闻发布会现场，接下来由我担任主持人，为大家主持今日说疫情新闻发布会现场。

（2）听新闻，明确新闻特点。

① 播放课件新闻发布会录像片段。（春晚《只此青绿》舞蹈史诗、冬奥会开幕式、中国女足逆袭成功、冬奥吉祥物、冬奥会上的高科技……）

② 学生观看录像，了解新闻发布会的形式。

2. 明确新闻特点

师：结合我们之前学过的口语交际——说新闻，我们来回忆一下发布新闻时要注意什么？（指名说）

生1：首先要做到声音洪亮、表情自然、仪态大方。

生2：信息正确、条理清楚。

生3：吐字清晰、选材新颖。

3. 明确新闻要素

师小结并出示新闻要点。

预设1：说明新闻的来源，要有依据。

预设2：说清楚新闻发生的时间、地点、人物、事件、内容等，不随意变更内容。

预设3：说说自己对这则新闻的看法。

4. 明确播报仪态

（1）姿势：站立或坐姿。

（2）语速：要让人听得清楚，便于记录。

（3）语音：吐字要清晰，要与所说的内容相协调。

（4）答问：要让人把问题说完，回答要真诚。

（二）播新闻——基于情境，合作说新闻

师谈话：作为祖国的少年们，我们可以通过过去了解时事，了解新闻，帮助身边人了解到疫情动态，科学防疫。今天我们就来开个新闻发布会，请大家来当发言人，说说自己所收集到的疫情新闻。

1. 小组播报乐趣多

（1）创设情境，激发说新闻的兴趣。

今天我们将通过小组合作，派选出最佳代表播报新闻，评出“最佳新闻发布者”“最佳新闻评论奖”“焦点新闻”。

（2）小组合作，摘录说疫情新闻的要点。

① 出示几则新闻报道，四人组成小组选择最感兴趣的一则报道，合作说新闻。（提出要求：在卡片上摘录要点，写词语，根据这些词语帮助自己回忆）

② 四人小组合作说新闻，教师巡视。

③ 每组选一位代表说新闻，其他同学听。

2. 尝试新闻发布

（1）要把新闻说清楚、说完整，还需要我们多多尝试。预设：

① 说新闻——读材料的例子。

② 说新闻——优秀范例。

（清楚、简单、明了，仪态应得体）

③ 说新闻——学优生范例。

（有自己的评论）

（2）巧设平台，全班互动。

① 小组各自推选的发言人请做好展示的准备，说出新闻的主要内容即可。

② 其他人认真听他们讲，一会儿说说你们对哪条新闻最感兴趣，并说出理由，你们也可以对他进行评价、纠正或补充。

3. 全班互动，实现多向交际

推荐感兴趣的新闻。

师：听了大家的发言，你对哪条新闻比较感兴趣，说说你感兴趣的原因，请你给我们详细讲解。

生：下面由我来给大家继续讲新闻。

（三）评新闻——长效培养，鼓励做个“知新”人

1. 评价

在第二轮的新闻联播中，你最欣赏的是谁？进步最大的是谁？说说你的理由。

2. 每个小组成员轮流做新闻发布会发言人分别发言

拓展延伸：新闻具有真实性，不是谣言，对于没有确切来源的新闻，不能传播，否则会扰乱正常的生活秩序，甚至会违法犯罪。

（四）主持人宣布新闻发布会结束

小结：“家事国事天下事，事事关心。”希望大家能留心观察身边的疫情新闻，写下身边新闻，发布身边的新闻，做一个生活的有心人。

（五）作业布置

写一则关于深圳疫情的新闻，要求内容健康，写清楚时间、地点、人物、事件和自己的评论。

【班会效果】

教学时，先通过大家熟悉的新闻场景让学生亲身感受，了解新闻的要素，学习新闻的语言，让他们体验新闻发布的程序及规则。

班级新闻发布会时，孩子们新闻发布前的台词、新闻发布流程都慢慢地接近有模有样的新闻发言人。

【班会反思】

思考一：把握学情起点，初步学会说新闻。开课之前，我做了一个关于“说新闻”的小调查，涉及学生是否看新闻、获取新闻的方式、关心的新闻类型和看新闻的意义。

思考二：联系学生生活，启发思考。本次活动对于我班的师生均是一次挑战，课前我让学生收集自己感兴趣的新闻，并留心新闻发布的方法、语言、形式等。

思考三：班会是班级建设及学生成长的平台。我们要充分运用这个载体，开展形式多样的班会活动，促进学生成长。

思考四：（不足之处）部分同学还是不能清晰地描述出要讲的新闻，在以后的语文课上，我应该对这类学生多加关注，帮助他们建立自信心。

请党放心，强国有我

——走读沙井悟精神，争做蚝乡好少年

曾书婷

【班会背景】

（一）主题解析

2021年是中国共产党百年华诞，也是深圳经济特区建立的41周年，生活在深圳的学生，是建设社会主义和共产主义的预备役。在壆岗小学“从小学党史，永远跟党走”党史学习教育系列活动中，壆岗小学党总支书记张艳校长在国旗下以歌曲《春天的故事》为主线，讲述了深圳在党的领导下从小渔村蜕变成国际大都市的传奇。一曲听罢，学生们纷纷向班主任提问：“歌曲中深圳沙地上的小圈，是怎么变成现在的粤港澳大湾区的大圈的呢？”

壆小学生生活在沙井这片热土上。而沙井从蚝乡小村发展成“大前海”湾区战略地的变化，也是深圳沙地小圈蜕变为粤港澳湾区大圈的缩影。如此巨大的变化离不开“沙井精神”的指引。

（二）学生情况解析

在此前学校开展的“从小学党史，永远跟党走”党史学习教育系列活动中，孩子们已经了解了革命党员奋起抗争、成功建党的历史，激起了浓浓的爱国爱党情怀。四年级正是价值观形成的关键时期，如何引导孩子们树立正确的历史观、价值观，唤醒对党和国家、对深圳和沙井家乡的自豪感、认同感，将满腔的热忱化为实践行动？

【班会目的】

（一）思想目标

引导学生了解党史，理解“改革开放政策对深圳腾飞有重大意义”的深刻内涵，认识到坚持共产党的领导是祖国昌盛、民族复兴的根本保证。

（二）体验感悟目标

利用沙井本土鲜活的红色教育资源，通过“走读—探访—践行”的队课环节，参观宝安沙井红色教育基地、搜集沙井本土人民在党的发展历史中的经典图文资料，制作剪纸、手绘地图等一系列活动，引导学生们增强对沙井的情感价值认同，内化“务实坚守、吃苦耐劳、追求卓越”的沙井精神，进而在个人生活中践行“沙井精神”，为建设家乡贡献力量。

（三）政治意识目标

引导广大学生知道深圳的发展和沙井的腾飞，沙井人今天的幸福生活是因为党的正确领导，懂得中国共产党人的初心和使命是为中国人民谋幸福、为中华民族谋复兴，认识到中国共产党的伟大，了解党、团、队的特殊政治关系，理解做共产主义接班人的含义。

（四）行为改变目标

让学生们在深圳实行改革开放决策前后的沙井历史巨变中感受中国共产党在领导深圳经济特区建设和沙井腾飞发展中做出的伟大贡献，在活动实践中感受沙井人“务实坚守、吃苦耐劳、追求卓越”的精神。同时，结合“孟晚舟成功获释回国”事件，让学生更深刻地认识到“强大的祖国是广大人民的坚强后盾”，进一步激发学生们的爱党爱国热情，增强学生们的历史使命感和社会责任感。

【班会准备】

（一）学生开展调查活动

学生分为三个活动实践小分队。

1.“博古队”：负责重温沙井红色历史，学史明理，将红色基因根植心中。

2.“博闻队”：探访新时代沙井发展的身边事，学史增信，将沙井精神内化于心。

3.“博行队”：回归生活，学史力行，通过活动实践成为蚝乡好少年。

（二）班主任

1. 提前引导学生们收集沙井及深圳改革开放前后历史，让学生们对沙井和深圳的变化发展有具体认知。

2. 结合学生特性，将学生分为“博古队”“博闻队”“博行队”三个小分队。

3. 提前联系宝安红色教育基地，让学生能够在实地探访中感悟“务实坚守、吃苦耐劳、追求卓越”的沙井精神。

【班会过程】

环节一：走读沙井百年史，蚝乡精神初相会

活动一：故事为媒，深入童心

故事感受：“博古队”学生邀请足球社党员老师讲垦岗“踢球抗日”的红色革命故事。

活动二：绘制地图，红色研学

（1）搜集资料：搜集宝安的红色教育基地地标。

（2）绘制地图：“博古队”学生合作绘制出“宝安红色教育主题旅游专线”地图。

（3）参观基地：参观蚝文化博物馆和江氏大宗祠，感受沙井蚝民“务实坚守、吃苦耐劳”的精神。

活动三：剪纸情深，融情入心

（1）剪纸传情：参与学校开展的“传承红色基因，妙剪共谱华章”的剪纸活动。

（2）展示成果：将剪纸作品进行展示，并由深圳媒体报道。

环节二：探寻沙井身边事，蚝乡精神入我心

活动一：党史交流，认识精神

（1）讲“红线女”红色故事：在学校党史学习教育系列活动中，上级领导在学校党史室为学生们讲述了爱国粤剧大师红线女与中国共产党发展历史紧密相连的传奇故事。

（2）初识精神：红线女“爱国爱党，追求卓越”的精神也由此走进学生的心中。

活动二：采访学生，感悟卓越

（1）采访粤剧社团社员："博闻队"学生采访荣获"广东省优秀学生"称号的粤剧社团成员蔡睿涛学生。

（2）搜集佳绩："博闻队"学生收集蔡睿涛学生的优异佳绩。

活动三：探寻粤剧，践行精神

（1）探寻学校粤剧活动："博闻队"学生参加了壆岗小学承办的"广东省少儿戏曲小梅花荟萃"活动，通过观赏粤剧感受粤剧之美和沙井粤剧人"追求卓越"的精神。

（2）排演粤韵操："博闻队"学生们和粤剧社团成员一起练习粤韵操，践行"追求卓越"的精神。

环节三：沙井精神伴我行，争做蚝乡好少年

"博行队"学生从做好日常、发挥所长、建言献策三方面开展了活动：

活动一：做好日常，德育践行

（1）完成《壆小少年成长手册》。

（2）参加学校开展的"五色花志愿者"活动。

活动二：发挥所长，活动践行

（1）壆岗足球队：学生在运动中传承壆岗"踢球抗日"的坚守务实精神。

（2）"小红豆"粤剧社团：学生践行"追求卓越"，将沙井粤剧文化发扬光大。

（3）剪纸社团：壆岗小学特色项目，学生在剪纸中传承中华优秀传统文化。

活动三：小小雏鹰，树立目标

（1）撰写目标：学生将目标写在了羽毛纸上。

（2）雏鹰展翅：学生们将羽毛纸贴在象征着学生的雏鹰上。雏鹰的羽翼也渐渐丰满了起来。这只雏鹰在如同旭日的"沙井精神"的照耀下，也终将成长为在鹏城深圳中展翅飞翔的大鹏。

活动四：雏鹰争章，表彰学生

中队辅导员计划将"立德"章、"向阳"章、"立志"章分别颁发给"博古队""博闻队""博行队"学生。

活动五：晚舟回国，感悟强国

（1）强国事例：学生分享“孟晚舟成功获释回国”新闻。

（2）感受强国：学生感受祖国的强大，也意识到“中国红信念”与践行“沙井精神”的一脉相承。

（3）诗歌宣誓：

中国红的信念，
是壆岗人踢球革命的呐喊，
是沙井人烈日捕蚝的汗水，
更是粤剧学生们追求卓越的拼搏。
今日的我们，
在祖国的强大怀抱中茁壮成长，
明日的雏鹰，
必将秉承前人志气，
践行沙井精神，
争做强国好少年。

【班会效果】

（一）预期教育效果

1. 学生认识壆岗足球社党员“踢球抗日”中所体现的“务实坚守”精神。

2. 学生感悟到在“改革开放”大背景下所体现的“吃苦耐劳”的精神。

3. 学生体会与红色粤剧党员艺术家红线女一脉相承、沙井粤剧人“追求卓越”的精神，并将之践行。

4. 学生在日常生活中践行“务实坚守、吃苦耐劳、追求卓越”的沙井精神。

（二）后续活动安排

1. 分享时事：结合时事热点“孟晚舟成功获释回国”，引导学生理解“祖国是我们的依靠，我们是祖国更加强大的可能”的内在逻辑。

2. 观看视频：让学生结合“沙井精神”感受沙井先辈的努力。

3. 诗歌宣誓：让学生在诗歌的朗诵中，立志努力践行“务实坚守、吃苦耐劳、追求卓越”的沙井精神，秉承前人志气，让中国越发强大。

【班会反思】

在班会课活动中，我结合《班会课课程指导纲要》“学习、理解、培养社会主义核心价值观”指导思想，与学生开展了本次班会课活动。

在活动设计上，我采用了以“创设—启示—感染—践行”为主线的启发式引导，班会课活动层层递进，让学生们在活动实践中感受中国共产党在领导深圳经济特区建设和沙井腾飞发展中做出的伟大贡献。同时，结合“孟晚舟成功获释回国”事件，进一步激发少先队员学生们的爱党爱国热情，增强学生们的历史使命感和社会责任感。

在班会课活动中，活动目标基本达成，但班会过程中重视让学生进行集体成果交流，忽视学生个人成长记录。同时，活动丰富多样，但欠缺考虑部分子活动的实施条件。因此，可以在活动中通过联动社区、街道党史工作室以帮助子活动实施。

同舟共济　共渡难关

张小花

【班会背景】

2020年伊始，一场突如其来的疫情，打乱了我们原有的生活节奏。在这场战役中，全国各地纷纷采取有效措施防控疫情蔓延，落实到户……无论是医护人员还是志愿者的辛苦付出，无不时刻感动着我们。这就是今日之中国，团结的中国，强大的中国。

【班会目的】

1. 从全面抗击新冠疫情工作中挖掘立德树人的元素，加强学生的思想教育。

2. 通过这次活动，使学生树立正确的价值观，引导学生认识爱国，学会担当，胸怀感恩，守望相助，攻克时艰。

3. 了解校园中存在的安全隐患，掌握安全知识，树立“安全第一”的思想。

【教学对象】

四年级（8）班全体学生、班主任。

【班会准备】

学生查阅有关新冠病毒的资料，了解这次疫情的相关情况。

【班会过程】

（一）明确班会目的

（1）什么是新冠病毒？它有哪些症状？

（2）学生交流。

（二）人民战“疫”

2020年注定是一个不平凡的年度，突如其来的新冠疫情，无数的人不计报酬，不论生死赶往一线。

（1）观看视频：武汉疫情的场面。

（2）从他们身上体现了什么样的精神品质？面对疫情我们应该怎么办？

封城封路不封心，隔山隔水难隔爱。同学们，全民抗疫，让我们从多角度去观察与发现暖心的一幕。

（3）播放近期疫情视频：深圳石岩疫情。

（4）寻找最美逆行者，交流令你最感动的人和事。

（三）科学认知，做好防护

预防新冠病毒的方法和途径：

1. 勤洗手

手脏后，要洗手；做饭前，餐饮前，便前，护理病人前，触摸口鼻和眼睛前，要洗手或给手消毒；外出返家后，护理病人后，咳嗽或打喷嚏后，做清洁后，清理垃圾后，便后，接触快递后，接触电梯按钮、门把手等公共设施后，要洗手或给手消毒。

2. 科学戴口罩

有发热、咳嗽等症状时，就医时，拥挤时，乘电梯时，乘坐公共交通工具时，进入人员密集的公共场所时，要戴口罩。

3. 注意咳嗽礼仪

咳嗽或打喷嚏时，用纸巾捂住口鼻，无纸巾时用手肘代替，注意纸巾不要乱丢。

4. 少聚集

疫情期间，少聚餐聚会，少走亲访友，少参加喜宴丧事，非必要不到人群密集的场所。

5. 文明用餐

不混用餐具，夹菜用公筷，敬酒不闹酒，尽量分餐食；食堂就餐时，尽量自备餐具。

6. 常通风

家庭人多时，房间有异味、油烟时，有病人时，访客离开后，多开窗通风。

7. 做好清洁消毒

日常保持房间整洁。处理冷冻食品的炊具和台面，病人及访客使用的物品和餐饮具，要及时做好消毒。

8. 养成健康生活方式

加强身体锻炼，坚持作息规律，保证睡眠充足，保持心态健康；健康饮食；有症状时及时就医。

（四）活动总结

同学们，面对这样一场突袭而来的疫情，越是在无情的灾难面前，越能感受到“中国”这两个字带来的温暖与美好。有强大的祖国做后盾，有全国人民的齐心协力，我们坚信：一切都会挺过去，我们一定可以打赢这场没有硝烟的战争，迎接我们的一定是美好的明天。

【班会效果】

在全球疫情严峻的形势下，疫情防控工作仍是重中之重，在这种形势下，开展了对新冠疫情防控教育班会。在这个活动过程中，学生再一次对新冠疫情及相关知识进行了学习，同时详细地讲解了如何做好防护。同学们在这次活动中感触颇深，从中认识到个人防护的重要性，也清醒地认识到一个人不负责任的任性行为可能会对他人的生命构成威胁，从而让我们更懂得珍爱每一个生命。

【班会反思】

通过本次班会课的活动，让学生了解到了从疫情最初的武汉封城，到各地分别启动重大突发公共卫生事件一级响应，在短短的时间里采取的各种措施，展现了国家对疫情迅速、及时、到位的响应，中国人民展现出了前所未有的团结一致，感动着你我。学生从思想上有了更深入的理解，对生命有了更深一步的认识。

通过观看防疫场面的视频，让学生感受到了坚定的理想信念，在危难之际，能勇往直前，从最美逆行者的身上（白衣天使、建设工人……）所体现出来的无私奉献精神，令我们动容！更让我们体会到生命的伟大价值，从而也对生命有了敬畏之心！

在疫情当下，通过一些宣传资料，让学生认识到如何做好个人防护，减少人员聚集，注重个人卫生……掌握防疫安全知识，树立正确的价值观。

五年级

致敬引路人，礼赞班主任

邓佳敏

【班会背景】

尊师重教是中华民族的传统美德，许多学生在感情上较为冷漠，不管对于父母还是老师的付出都觉得理所当然。因此，这节班会课设计以“班主任节”为契机，带领学生走进班主任的一天，激发学生的感恩之情，体会到老师们的辛苦付出，进而能提高共情能力，将心比心，学会感恩生活中给予过自己帮助的人和事。

【班会目的】

1. 通过本次班会让同学们了解班主任的实际工作情况，激发同学们的感恩之情。

2. 通过活动，使同学们知道老师为了他们今天的成长付出了多少辛劳，从而将对老师的尊敬由意识形态落实到日常学习生活中。

【班会准备】

1. 班主任一日vlog。（视频）

2. 部分家长及同学想对班主任说的话。（视频）

3. 给老师颁发的奖状。

4. 歌曲《听我说谢谢你》。

5. 诗朗诵背景音乐。

6. 选拔两名主持人。（中队长）

【班会过程】

（一）我猜班主任

甲：有这样一个普通的名字，无微不至，如沐暖阳。

乙：有这样一种平凡的职业，辛勤劳碌，护我们成长。

甲：有这样一个人，与我们晨昏相伴，对我们嘘寒问暖。

乙：她权小责重，家校共牵。她事无巨细，却任重伟岸。

甲：你们知道这个人是谁吗？

乙：没错，作为班级的核心和灵魂，她就是我们的班主任。

甲：同学们，今天我收集到了许多的漫画，你们能从漫画中找到哪一位是每天陪伴我们，大事小事都亲力亲为的班主任吗？你从哪些特点猜出画的是我们的班主任的？哪位同学来说说？请你。还有谁来说说？是的，这就是我们的班主任。

乙：对于学生，她是引路人；对于班级，她是灵魂；对于学校，她是品质。××老师，请您收下我们深情的礼赞，收下我们的致敬。

合：今天，让我们来为您上一节班会课。

（二）我看班主任（班主任一日vlog）

甲：同学们，知道班主任们每天需要做多少事情吗？我们来看看班主任的一日vlog。（播放视频）

乙：看完vlog你有什么感受？谁能来谈谈你的感受？请你。

（①好的，谢谢你的分享。②你的体会很深刻，谢谢你。③……）

甲：咱们班主任做过什么让你最感动的事情？谁能来分享一下你们之间的故事？请你。

（①从你的分享中，我了解到你非常懂得感恩。②……）

乙：班主任们就是这样日复一日，年复一年，用爱和智慧托起明天的太阳，恪尽职守，初心不变。

（三）我话班主任

乙：你们觉得咱们的班主任有什么特点？谁来说说？（①这确实是她的一大特点，她对我们又严又有爱。②……）

甲：如果让你给我们班主任颁发一张奖状，你想发什么奖？请大家小组讨论，完善你们小组准备的奖状，然后推选代表来展示。时间到了，哪个小组能来给我们展示一下你们的特色奖状？请你。你们小组为什么要给老师颁发××××奖？这个称号特别有意思，谢谢你。（这个称号特别契合，感谢你……）

（最佳熬夜备课奖、最暖心班主任奖、最凶老母亲奖……）

（四）我想对您说（家长+学生视频）

乙：同学们，班主任对于我们而言，亦师亦友。她用自己的耐心和陪伴，解答青春的困惑；她用自己的细心与严格，约束年少的随性；她用自己的辛勤汗水，浇灌成长的花开。我们都听了太多班主任的谆谆教导，今天，让我们看看同学们想对咱们班主任说的话。（播放学生视频）

甲：班主任与我们的爸爸妈妈相互配合，家校共育，为我们的成长殚精竭虑。今天，让我们来看看家长们想对班主任说的话。（播放家长视频）

（五）我歌班主任

乙：爱学生，她全心全意；做教师，她无怨无悔；抓教学，她兢兢业业。接下来，请欣赏全体同学带来的朗诵《礼赞班主任》。（配乐响）

甲：我登上那绝望之山，看前路漫漫，
有一个人，扶着我的肩，
采下希望之石带我向前。
乙：我漂入那无情之海，望尽头遥远，
有一个人，牵着我的手，
摘下爱的风帆带我游到对岸。
甲：假如我是击浪的勇士，
那是您给了我弄潮的力量；
乙：假如我是搏天的雄鹰，
那是您给了我腾飞的翅膀！
甲：是您，用知识的甘露，
浇开我们理想的花朵；
乙：是您，用心灵的清泉，
润育我们情操的硕果。

甲：您是大桥，
为我们连接被割断的山峦，
让我们走向收获的峰巅；
乙：您是青藤，
坚韧而修长，
指引我们采撷到崖顶的灵芝和佩兰。
甲：医生治愈的是肉体的伤痕，
而您，孕育了人类灵魂的不屈！
刻在木板上的名字未必不朽，
刻在石头上的名字也未必流芳百世，
刻在纸上的易逝，刻在碑上的残蚀。
乙：可是班主任，您的名字却刻在我们灵魂上，永生永世。
全班：亲爱的班主任，您是美的耕耘者，爱的守护神！
您用美的阳光普照，用美的雨露滋润，
您用您广阔无边的爱，让我们的心田绿草如茵，繁花似锦！
亲爱的班主任啊，我们赞美您！我们向您致敬！
音乐响起：全班演唱表演《每当我轻轻走过你窗前》。

（六）教师小结（略）

【班会效果】

学生能了解班主任一天所要完成的工作，体会到班主任和其他老师的辛苦与不易，能对老师们表达感恩，部分同学能主动帮班主任分担班级事务，或者通过做好班级常规与努力学习来回馈班主任的认真付出。

【班会反思】

1. 用学生喜闻乐见的拍视频vlog的方法走进班主任的日常生活，代替传统讲故事的手法，更加走近孩子，更加直观。

2. 让中队长或小主持人主持班会课，用个别学生的示范让学生们互相之间形成讨论与交流，形成更加融洽的交流氛围，避免老师的说教或长篇大论。

探寻蚝乡古韵，行走魅力沙井

——“爱我深圳　畅享自然”班会活动

张夏青

【班会背景】

沙井被誉为“千年蚝乡”，养蚝、食蚝的历史悠久，作为工业重镇，外来人口多，我班70%以上学生不是沙井本地人，对第二故乡沙井缺乏归属感与认同感，因此，有必要让沙井蚝文化在学生的心中扎根发芽，更有文化归属感。让学生认知了解本地蚝文化，提升学生的社会责任感，为建设家乡贡献一分力量。

【班会目的】

1. 探寻沙井古韵。通过引入曾氏大宗祠建筑文化让学生感悟、体会小家与大国之间的关系。通过蚝壳墙等蚝乡文化引导学生体会沙井蚝民开拓、坚守、拼搏、向上的精神。

2. 走进沙井金蚝美食文化节，多维度体验蚝文化的多姿多彩。

3. 参观深圳当代艺术与城市规划展览馆——“大潮起珠江”展览，让学生感受中国特色社会主义新时代沙井成为大湾区核心区域的重大战略意义。

【班会准备】

班集体活动开始一周前，我组织学生召开了会议，学生明确了分工，决定分为四个小队。

第一小队负责“探访沙井古韵”，目的在于了解我们家乡的悠久历史；

第二小队负责发现“沙井的今天”，目的在于了解家乡当下的繁荣景象；第三小队负责投射大湾区建设，激发学生爱家爱国情怀；第四小队负责研学身边小事，展望家乡的发展和未来。

【班会过程】

（一）活动引入

沙井是蚝的故乡，一百多年前的沙井养蚝人们赤着脚在海边辛苦劳作，2021年在沙井举办的金蚝美食文化节让我们看到了现代化养蚝业的巨大变化。你了解我们沙井本土的蚝文化吗？是什么让沙井蚝产业有了翻天覆地的变化？带着这样的问题让我们开启今天的旅程。

（二）沙井的昨天：家国一心，砥砺前行

第一小队（博古队）：探访沙井古韵——曾氏大宗祠

（1）带着一份敬仰，五（1）班的学生来到新桥古村。这里有曾氏大宗祠等重点文物。学生代表们通过采访的形式了解了宗祠的故事。

（2）活动阶段性成果：

①采访记录。

A. 采访宗祠守护人：爷爷您好！您能给我们讲讲曾氏大宗祠的建立始末吗？

（曾氏大宗祠始建于南宋年间，南宋末年为躲避战乱，曾氏兄弟在逃难中将一块猪腰石一分为二，各持一半作为后人相认的凭证。如今，宗祠每隔几年都会举行祭祖仪式，远在海外的曾氏儿女都会不远万里回到自己的故土，这种不忘故土的情感使海内外宗亲记得住乡愁，是扯不断的根。）

B. 采访解说员：您好！听说曾氏家族最早的当家人是先圣孔子的弟子曾子，是吗？

（是的。新桥曾氏是孔圣人的得意门生曾参的后裔，你们看那石牌坊正面刻有“大学家风”四个大字。曾参主修了《大学》，新桥曾氏则把《大学》中推崇的修身、齐家、治国、平天下理念融入祠堂。因此，只要每个人做好自己，爱护自己的家庭，就能成为对国家有贡献的一分力量。）

② 采访图片如图1、图2所示。

图1

图2

③ 班集体活动心得：正是在沙井人民一起携手努力下，才有了我们如今的美丽沙井。忠心耿耿的王忠，设馆沙井的陈伯陶，清末建筑师陈才茂，洪田烈士……正是这一个个个体、一个个小家托起了我们美好的今天。

（三）沙井的今天：进取拼搏，蚝香阵阵

第二小队（博闻队）：走进蚝文化——蚝壳墙、金蚝美食文化节

（1）下午，学生参观江氏大宗祠，江氏大宗祠里的蚝壳墙，镌刻着一代代沙井蚝民拼搏向上的精神。我们要做有担当、肯吃苦的新时代好少年。

（2）沙井是蚝的故乡，下午学生参加了沙井金蚝美食文化节，文化节中学生还来到蚝民家里，了解到沙井有各类蚝厂30多家，开发出了蚝罐头、蚝油等产品，一年能赚5亿元人民币，是名副其实的金蚝之乡。

（3）班集体活动阶段性成果：

① 图片如图3、图4所示。

图3

图4

② 采访蚝民视频片段。

③ 活动心得：这一环节让学生感受到了家乡蚝文化的多姿多彩，体会了家乡经济的大繁荣、大发展，学生内心不由得激荡起了对家乡由衷的热爱。

（四）沙井的未来：湾区核心　共同前行

第三小队（博行队）：感悟深圳精神——“大潮起珠江”展览

（1）上午，学生一起参观深圳当代艺术与城市规划馆“大潮起珠江”展览，在第一、二展厅中，讲解员介绍了党做出改革开放伟大决策的背景和深圳经济特区建设取得的伟大成就。

（2）在第三、四展厅内，讲解员介绍了深圳沙井未来的发展，沙井位于大湾区核心，沙井将建设成为“西部中心、魅力蚝乡”，一个全新的沙井正在焕发湾区之光。

（3）参观完毕后，学生在纸上画出自己眼中的美丽深圳。

（4）班集体活动阶段性成果。

① 活动照片如图5、图6所示。

图5

图6

② 活动手绘如图7所示。

图7

③ 活动心得：参观过程中我们非常直观地感受到深圳如何从一个小渔村发展成为一个国际化大都市。我们要为将来建设我们的美好家园贡献自己的力量！

第四小队（博览队）：展望未来——献计献策，爱我沙井

（1）第四小队带领学生从学校出发到周边较为繁忙的道路中去，大家一起发现身边存在的问题，回校后小分队在课堂上交流。

学生发言：

我们发现身边存在的不文明现象，例如，走在蚝乡路上，经常会看到一些12岁以下的学生骑着共享单车横行而过，有什么好的办法可以解决呢？我们可以发明一种高科技指纹锁，自动识别开锁人年龄，未满12周岁无法启动，确保青少年平安出行。

（2）沙井中心区车流量大，经常看到不戴头盔就骑着电动摩托车的大人带着小孩上路。针对这种现象，队员们发起了全校“小手拉大手——文明出行你我他”宣传活动。发动学生、家长一起遵守交通规则，文明出行。

（3）班集体活动阶段性成果。

① 宣传手绘如图8所示。

图8

② 宣传签名活动如图9所示。

图9

③ 班集体活动心得：我们坚信只有将“立志”落实到行动，爱家乡、爱祖国的班会目的才能真正实现其价值。

【班会效果】

（一）追忆篇

学校组织开展《深圳改革开放四十年》等纪录片观摩活动，学生撰写观影心得，在小分队之间相互交流。

（二）继承篇

举办“深圳—蚝乡剪纸百年”活动：制作“沙井的昨天—今天—明天”主题简报展（蚝香阵阵如图10、图11所示）。

图10

图11

（三）体验篇

少先队员们手绘制作一张“宝安区红色教育主题旅游专线”地图，为群众规划出一条宝安红色旅游专线（成果展示如图12所示）。

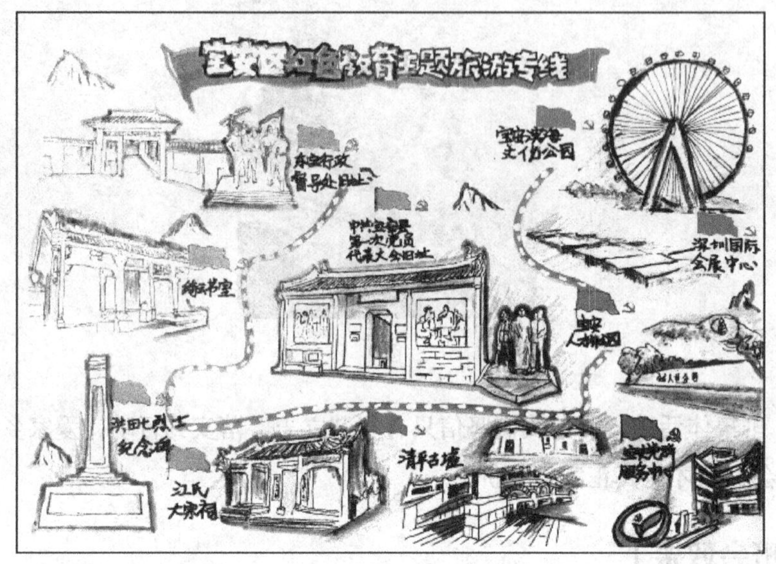

图12

【班会反思】

本次班集体活动课共四个环节，体现了学生们的主动性，达到了本次研学活动课的目的。习近平总书记说：“一种价值观要真正发挥作用，必须融入社会生活，让人们在实践中感知它、领悟它。”遵照总书记的教导，本次班集体活动，我有三点感悟和大家分享：

（1）开发本土教育资源，体验不一样的家乡。

（2）走进历史生活现场，发掘感动自己故事。

（3）注重文化交流分享，强化家庭引领力量。

偶像让我闪闪发光

温 馨

【班会背景】

1. 随着冬季奥运会的进行，许多优秀的运动健儿走进了大家的视野，他们从小训练，夺冠之路背后的故事令人动容，他们用自己的行动诠释了优质偶像应有的样子，对小学生的成长具有激励意义。

2. 通过线下的调查和线上的数据分析可知小学生偶像崇拜是普遍存在的，并且有向非理性发展的趋势，尤其是小学高年级段的学生偶像崇拜的问题已经十分明显。总体而言，受到大众媒体的影响，偶像崇拜的对象中明星偶像居多，且小学生更为关注偶像的外在形象而忽视其内在品质。

3. 就我所执教的班级而言，近期也发现所谓“追星”现象，尤其是出现两位同学因为各自崇拜的偶像起了争执，导致矛盾激化的情况。为此，必须通过一堂生动而有意义的主题班会课，引导学生树立正确的偶像观，让偶像成为榜样，令自己闪闪发光。

【班会目的】

1. 体悟感悟目标：通过活动使学生能对偶像崇拜进行自我认识、自我调整、自我纠正、自我提高。引导学生摆正偶像崇拜的心态，正确看待偶像崇拜的利与弊。

2. 行为改变目标：提高明辨是非的能力，逐步培养自己的理性思维和批判思维，从而能够正确地选择偶像，学习偶像身上积极向上的能量，让自己获得收获和成长。

【班会准备】

1. 课前制作小视频（冬奥会运动员合集）作为情境导入，配以音乐《一起向未来》循环播放。

2. 学生准备：自己崇拜的偶像的照片、图片或文字资料等，以便课上交流。

3. 在上课前每人填写“我与偶像”学生单，按照上面的分类分成不同的小组。（提前分好，方便课堂的交流讨论和进行活动）

【班会过程】

（一）开场环节：猜猜“我心中的偶像”

（1）要求：请一位同学拿出准备好的偶像照片，让同学们说出他的名字。

思考：这个同学心中的偶像是属于哪个领域的？是不是也是你心中的偶像呢？

预设：我心中的偶像是钱学森，他是科学家。我心中的偶像是鲁迅，他是大文学家。

（2）播放课前准备的小视频（冬奥会运动员合集），配以音乐《一起向未来》循环播放。

小结：我们每个人都会有自己欣赏或崇拜的偶像。他们身上总会有一些特点是我们所向往的，今天，我们就来与大家一起分享我们崇拜的偶像。

（二）谈论环节：“偶像面面观”

1. 活动要求

通过刚才的环节，老师知道每个人都有自己的偶像，那么你对你的偶像了解有多深，你对这个偶像有多喜爱呢？

课前同学们已经填写“我与我的偶像”学习单。现在我们按学习单上相同类别的同学组成的五个小组（演员或歌手组、运动员组、专家学者组、普通人组、其他组）。

2. 活动内容：组内交流

（1）依次交流。

（2）记录员做好记录。

（3）准备分享的内容应围绕相关问题：

① 偶像身上什么是最吸引你们的，你们从偶像身上能够获得什么样的体悟？

② 你们组的同学都用什么方式去喜欢偶像（“追星”）？

③ 你们觉得偶像身上哪种特质最吸引你？在你们的身上有没有？你们与偶像的差距大吗？

（三）展示环节：“偶像选择题”

导入：请各组同学推荐自己的偶像，把学习单的内容用一句话概括出来。

1. 偶像成功的背后

偶像也是一个真实的人，他也具有多面性，但是我们可能往往会只关注他身上最为闪耀的那个地方，或者他展示在我们眼前的这一面。为了做到不盲目崇拜，下面我们请咱们班同学来分享偶像成功背后的经历是怎样的。

（1）小组代表分享，请其他同学进行精彩的点评。

（2）为你最喜欢的一组分享投票。

（3）教师分享：苏翊鸣背后的成长故事。

小结：偶像在成名前付出的艰辛、成长背后不为人知的努力告诉我们，任何成功都不是轻易得来的，光彩往往是汗水的结晶。但是，人无完人，偶像也可能存在许多缺点、弱点，甚至错误。这就需要我们有自己的判断力，学会正确的追星方式。

2. 探讨偶像崇拜的最佳方式

学生结合身边的故事来谈一谈，偶像崇拜的不同方式会给我们带来哪些影响（正面的或负面的）？如何在偶像崇拜的过程中把握最佳的尺度？

小结：偶像崇拜要适度、适当。在学习偶像的过程中，也要让自己变得更好。

3. 理性选择偶像

每个人都应该有自己的偶像，激励自己的成长，但是选择哪个偶像，怎样去偶像崇拜，应从有利于自己的成长出发，学习偶像身上最质朴的情感、最动人的精神。

（四）分享环节：“偶像崇拜冷思考”

（1）教师分享自己不同阶段偶像崇拜的经历和反思。

（2）列举科学数据向学生说明，“偶像崇拜”是青少年进入青春期之后的一种特殊的偶像崇拜心理现象。随着年龄、经验、看待事物的观念等的变化，我们崇拜的对象也在发生变化。

（3）回顾本节课用一两句话谈一谈本节班会课带给你的启迪和思考。

【班会效果】

在这次班会课的设计中，作为班主任主要针对“偶像崇拜”的现象，以及本班同学中出现的情况从现实问题出发思考和设计。为了让学生能够对偶像崇拜有持续性的正确认识。首先，我会不定时地举办班级“偶像沙龙”，模仿央视的《新闻周刊》每周人物。让学生选择本周内的热点人物，谈一谈我们的想法。其次，在每周的班会课上选择一位同学分享他的偶像最新的动态，或者新发现的偶像的故事，而这个故事对他产生了积极的影响。最后，可以开设心理辅导信箱，为有“偶像崇拜”烦恼的学生们提供可以倾诉的途径。

【班会反思】

偶像崇拜是一种普遍的社会现象。它对少年的身心成长、对整个社会的发展都有深远的影响，既有积极的，也有消极的，适当的偶像崇拜在一定程度上有利于少年的发展，但是过度和扭曲的偶像崇拜则可能导致严重的后果。在时代大背景下，我们要站在孩子的角度来思考“化堵为疏，尊重自我”。引导学生认识“什么是崇拜”“怎样做才是正确的偶像崇拜”。与此同时，在这节班会课中也有要注意的问题，在分析偶像崇拜的原因及危害时应该通过图表的方式让学生更加一目了然。

面对小学高年级偶像崇拜的问题，作为班主任，我会充分利用好班会课的契机，做到防微杜渐，促进学生偶像崇拜的健康发展，让我们一起向未来。

垃圾分类　你我共行

段体龙

【班会背景】

2005年8月15日，时任浙江省委书记的习近平到安吉县天荒坪镇余村考察时，首次提出“绿水青山就是金山银山”。根据国家统计局和OECD数据显示，近几年我国生活垃圾产量保持每年5%左右的增长，2018年，全国生活垃圾清运量达到2.28亿吨，当前中国已超过美国，成为全球产生垃圾最多的国家。在过去，全国生活垃圾清运量始终高于无害化处理量，大量城市生活垃圾未经处理直接堆放，垃圾分类显然非常必要。

【班会目的】

1. 了解垃圾的来源，认识合理处理垃圾、保护环境的重要性。
2. 通过各种形式认识垃圾分类的重要性，初步学会垃圾分类。
3. 在实际生活中运用所学知识，积极爱护环境。

【班会准备】

1. 学生：小组调查、“美丽家乡”绘画作品。
2. 教师：课件、自制简易分类垃圾桶。

【班会过程】

（一）展示绘画，以美导入

教师：同学们，每个人心中都有自己魂牵梦绕的家乡，或是巍峨的青山，或是清澈的小河，抑或是袅袅炊烟的小村庄。现在，就请同学们把自己描绘的美丽家乡展示给同学们吧！

学生1：我的家乡是……那里……

学生2：我的家乡是……那里……我相信家乡会更加美丽！

……

设计意图：通过展示美丽家乡绘画作品，激发学生热爱美丽家乡的情感，也激发学生对美丽环境的向往，为后续的教学进行情感铺垫。

教师：在同学们满怀自豪地展示自己的美丽家乡时，我感受到了同学们对家乡的热爱，也感受到了同学们对家乡的美好期待。每一个同学都希望自己的家乡变得更加美丽，这也正如习近平总书记常常强调的一句话："绿水青山就是金山银山！"可是，现状真如我们想象的一样吗？

设计意图：通过问题引起学生的思考，从而引发学生对环境问题的重视。

（二）调查汇报，现实对比

教师：同学们，在本课教学之前，我们的同学已经分别成立了调查小组，从身边的商场、街道、小区等地方进行实地调查，而且做了很详细的课件。下面我们就掌声有请小组长进行汇报。

小组长1：我们组对××商场内的垃圾桶周围进行了观察，并对一些顾客和商场人员进行了访问。下面是我们的调查结果，请大家看课件……

小组长2：我们组对小区周围的几条主要街道的环境卫生进行了记录，请大家看图片与数据……

小组长3：我们对居住的小区垃圾投放处进行了观察，结果令人感到遗憾，请看我们组的调查报告。

设计意图：没有调查就没有发言权，孩子们的调查汇报真实，能够对所有学生进行触动。

教师：感觉小组长的汇报，让我们对身边的环境问题有了更全面的认识。可是，这仅仅是一个小小的范围，那么我们深圳市、全国、全世界的垃圾问题又是怎么样呢？

（三）观看视频，感受危机

教师：下面我们来看小视频，之后同学们可以发表自己的看法。（教师播放垃圾问题的短视频）

学生1：我知道了每天产生的垃圾数量惊人。

学生2：垃圾处理真是一个大难题！

学生3：垃圾也不全是废物，有的垃圾还可以回收利用。

……

设计意图：通过看视频与思考，学生对垃圾的产生与处理有了初步认识，对垃圾分类产生了学习的欲望。

（四）垃圾分类，势在必行

教师：同学们，你们真有想法。确实，垃圾处理问题令人头痛，但也不是所有的垃圾都是无用的，有的垃圾还可以回收利用，这就是目前我们深圳市在大力推广并实施的垃圾分类。

PPT出示：

（1）什么是垃圾分类？

（2）垃圾有哪几类？

（3）如何进行垃圾分类？

（4）各类垃圾如何处理？

设计意图：本环节是本课的知识点，从理论上让学生对垃圾分类与分类标准及作用有比较科学的认识，才能指导学生去行动。

（五）知行合一，小试分类

教师：同学们，刚才我们已经知道了关于垃圾分类的知识。现在，你们敢于挑战一下吗？

学生：想！

活动一：知识抢答

教师PPT出示垃圾分类的相关题目，学生抢答。评出“垃圾分类小能手”，颁发小奖状。

设计意图：通过知识抢答，提高学生学习的兴趣，巩固所学的垃圾分类知识。

活动二：身体力行

教师拿出之前制作的分类垃圾桶，然后把写有不同垃圾名称的纸片放在一起，请学生把纸片放入相应的垃圾桶。给分得最正确的同学颁发小奖状。

设计意图：通过亲身体验，能够做到学以致用，进一步培养学生垃圾分类的能力。

（六）全体宣誓，深入人心

教师：同学们，通过刚才的学习与活动，你们已经对垃圾分类有了深刻的认识，现在让我们把这种观念牢记心中！有请班长带领全体学生进行“垃圾分类宣誓”。

学生：为了保护环境，为了建设美丽家乡，我们要……（宣誓）

设计意图：通过宣誓，进一步激发学生的情感，把垃圾分类的理念深植心中。

教师：通过同学们的铮铮誓言，我看到了你们的决心，也看到了美好的未来！

（七）拓展延伸，生活运用

教师：同学们，“一花独放不是春，百花齐放春满园”。我们学习了垃圾分类的知识，更要把它告诉更多的人，如我们的家人、邻居以及身边的每一个人。只有人人都提高了对垃圾分类的认识，才能自主地行动，我们的生活环境才会更加美好！

设计意图：由课内到课外，知识与生活实际联系，培养学生的行动意识！

（八）提纲挈领，板书设计

垃圾分类　你我共行

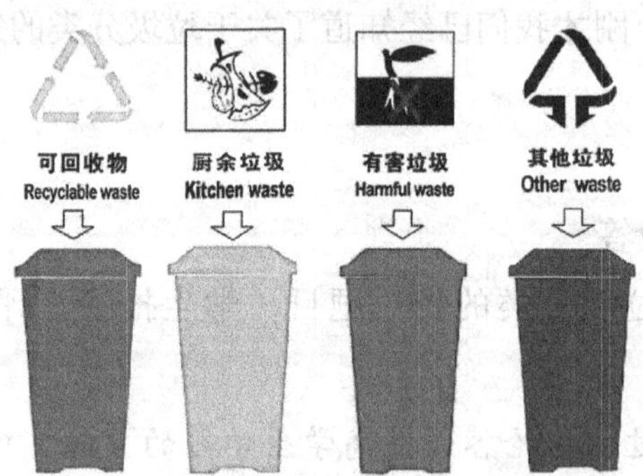

【班会效果】

本节班会课紧密结合环境保护的主题，与当前垃圾分类的理念相结合，充分考虑学生的实际情况，利用视频与学生的实践活动，促发学生树立垃圾分类的思想，并引导学生积极践行垃圾分类活动，达到以情促情、寓教于乐的效果。

【班会反思】

通过本次主题班会活动，可以初步实现以下目标：

学生能理解垃圾分类的内涵及重要性。

能够身体力行地投入垃圾分类的活动中去。

能够影响身边的人了解、参与垃圾分类活动。

树立环境保护的重要意识。

在本次主题班会中，我认为学生的情感激发是最主要的部分，任何知识性的讲解与说教都不如学生内因的驱动力重要，如果能够激发学生的学习欲望，教学效果将事半功倍。

安全伴我行

许紫玲

【班会背景】

本次班会课以学校“增强交通安全意识，提高自我保护能力”为指导方针，切实加强安全教育与管理，确保学生安全。五年级学生思想正处于初步形成阶段，所以要引导他们在活动中认识生命的意义，在自我体验中发挥潜能。本节班会课就立足于教育学生关爱生命、尊重生命、敬畏生命、激扬生命、热爱生命、保护生命。

【班会目的】

1. 了解步行安全要点，遵守交通规则。
2. 知道乘坐交通工具的危险性行为，不到马路边玩耍。
3. 掌握如何安全乘坐地铁等交通工具。

【班会准备】

1. 摸底：了解学生所知道的关于交通的知识。
2. 准备测试交通规则的抢答题目。
3. 学生自制安全宣传交通标志。

【班会过程】

（一）开门见山，揭示主题

同学们，今天我们来上一节班会课，主题是……（板书：安全伴我行）

（二）情境设置，步步深化

1. 看图讨论，畅所欲言

今天，老师准备带大家去沙井公园游玩，大家都知道，沙井公园离我们学校不是很远，只有几条马路的距离，有一群小朋友跟我们一样，也去公园玩，大家看看他们做得对不对？（出示四幅图）

2. 以读代讲，品安全经

刚刚大家都说了很多，老师把大家说的编成了安全“三字经”，我们一起来读一读、品一品吧！（每幅图配十二字的“三字经”）

3. 以读代悟，诵拍手歌

为了让大家更好地记住这些安全小知识，老师将这几句“三字经”整理成一首拍手歌，希望大家能一边诵读，一边识记，将道路交通安全知识铭记心中。

4. 角色演练，情景再现

我们继续向前走着，咦，班上好像有几个小朋友没跟上呀。哦，原来他们正向我们走来呢，我们一起看看吧！（学生上台表演情景剧）

5. 小小交警，畅谈感想

同学们，看完这一幕，相信你们有很多想要说的话。现在，如果你是小交警，你会对他们说一些什么呢？

6. 模拟道路，分享图标

同学们，我们继续在路上走着。路上有好多好多交通标志呢，谁能把自己看到的交通标志和大家分享一下？（学生上台分享并贴在黑板上）

7. 播放视频，警惕盲区

是呀，刚刚同学们都说了很多安全标志，希望大家在路上看到这些安全标志时，都能认出它们，在这里，老师特别要提醒同学们在平时步行时，也要注意来往车辆的状况，尤其是大货车。因为大货车转弯时有一个盲区，所以我们要和大货车保持一个安全的车距，以免造成悲剧。下面请大家观看一个视频。

8. 图片案例，触景生情

平安，快乐，每个孩子都应该拥有。对于我们的亲人来说，我们都是他们的唯一，如果因为一时的大意而出现意外，他们该会有多伤心，多难过！而我们，再也无法喊出那一句，亲爱的爸爸、妈妈！（配乐播放图片：篮球女孩失

去双腿、亲人痛哭）

9. 各抒己见，升华情感

当你看到一个个鲜活的生命消失于车轮之下，当你发现一阵阵欢声笑语隐没在尖锐的汽笛声中，当你面对那些触目惊心的场景时，同学们，你想说什么呢？

10. 铭记交规，善待生命

是啊，面对这一幕幕悲剧，我们能不感到痛心疾首吗？道路交通安全事故目前依然是各种事故领域的“头号杀手”，所以我们一定要“铭记交规，善待生命”。（小结）

（三）交通安全，感悟启示

1. 自然过渡，激发兴趣

（播放地铁经过的声音）听听，这是什么声音？对，是地铁的声音！我们在公园里抬头一看，正看到地铁11号线快速驶过呢。

2. 以图为媒，思维碰撞

再仔细看看，地铁里的这些小朋友都在做什么？（出示图片）大家说一说，乘坐地铁时，下列哪些行为容易导致危险的发生？为什么？

3. 图文配合，品中说悟

那接下来，我们一起来学习一下如何安全乘坐地铁吧！（播放图片，讨论交流）

4. 穿针引线，认识标志

我们刚刚学习了那么多关于地铁的知识，那你们知道深圳地铁的标志是哪一个吗？（出示图标，让学生选择）对，当我们看到这个标志时，证明地铁就在我们附近了。那下面这个又是什么标志呢？（出示火车站的图标）

5. 以图促思，问题探究

是呀，这是火车站的标志，火车在铁路上跑着，那我们看看下面这几个小朋友在铁路边做什么呢？（出示图片：一个小孩在拧铁路螺丝，一个小孩在铁轨上放石块）

6. 案例分析，小结提醒

在铁路边玩耍是一件十分危险的事情，所以我们一定要警惕，不能到铁路边玩耍，过铁路道口时也更要小心谨慎。正如那句话所说的：“安全无小事，

出行要当心！”（小结）

（四）趣味抢答，巩固知识

刚刚我们学习了两部分的知识：第一部分是了解步行安全要点，识记了步行交通规则；第二部分是学习了铁路规则，知道铁路边有危险，不能到铁路边玩耍。接下来老师想考一考同学们，看看这些知识是否都记住了，我们来玩一个小游戏——抢答题，看看谁答得又快又准。

（五）小组合作，设计标语

1. 组内合作，共同设计

大家可真厉害，一下子就把这些题目都解决了。那接下来，老师想请大家当我们这个城市的宣传使者。请四人小组相互合作，一起动动脑筋，设计一句安全标语吧！（配乐，每个小组发一张彩色卡纸，讨论后将安全标语写在上面）

2. 小组汇报，分享标语

那接下来我们请小组上来汇报分享。（分享后将标语贴在黑板上）

（六）小结祝福，歌声萦绕

1. 本课小结，升华主题

同学们，通过今天的学习，我们学到了许多有用的知识。我们不仅认识了交通标志，而且了解了铁路安全。交通安全是与我们日常生活息息相关的大事情，为了他人和自己的安全，我们一刻也不能忽视。我们不仅要自己自觉遵守交通法规，还要向家长和你熟悉的人进行宣传，让大家共同来维护好良好的交通秩序。

2. 齐唱歌曲，赠送祝福

在这节课的最后，希望大家以后都能将安全二字谨记心中，在出行路上，一路平安。

【班会效果】

学生明白了交通安全的重要性。在观看视频和案例后，孩子们从思想上重视了交通安全，并且也纷纷表示以后一定会去了解更多的交通知识，遵守交通规则，做到交通安全，让家长、老师放心，还要把这种思想传递给自己的家人，在一定的程度上提高了自己和家人对交通安全的重视。

【班会反思】

通过本次班会课，学生认识了交通安全的重要性并了解相关安全知识。孩子们更加全面地掌握了过马路时该如何走，遇上红绿灯该怎么办、在马路上不能玩哪些游戏，乘坐火车、地铁时需要注意哪些事项等，充分激发学生的情感，寓教于乐。

寻根，思贤，传家风

——弘扬优秀家风主题班会设计

余 锦

【班会背景】

近年来，不和谐的亲子关系逐渐成为家庭教育中的棘手问题。很多孩子与父母、长辈之间关系紧张，对家庭缺乏归属感和幸福感，导致人生观、价值观出现了一定偏差。究其原因，除了家庭内部不可调和的矛盾之外，还与家庭中的不良风气有关。为化解难题，笔者认为可以追溯到优秀传统文化中，借助家风、家训的引导力量来规劝。前人为范，后人行之，家风、家训是一个家庭精神的内核，代表家庭为人治世的准则，更饱含祖辈殷殷的祝福与叮嘱。故此，笔者设计了本次主题班会课，以期帮助学生从困惑、迷惘中走出，感受家风温润敦厚之魅力。

【班会目的】

1. 思想感悟目标：帮助学生了解好家风的重要性，追寻自己家庭或家族中的优良家风，体会祖辈对晚辈的关切与期望。

2. 行为改变目标：让学生对“清白家风”产生向往之情，从而见贤思齐，将建设热情注入自己的家庭生活中去。

【班会准备】

1. 教师公布分组安排及任务，学生可各自选择加入一个小组，包括表演组、资料组、调查组、绘画组，利用寒假做好准备工作。

2. 表演组同学根据剧本排练情景剧，感受家风对家庭的重要影响。

3. 资料组同学搜集广东省内优秀的家风文化资源，有条件的同学可以在父母的带领下亲自前往目的地探寻，拍摄照片、视频。

4. 调查组同学编写问卷，向自己家中的长辈询问本家族家风、家训。

5. 绘画组同学绘制关于古代家风、孝道的手抄报，布置展板。

6. 教师按照德育环节设计班会课，并制作PPT。

【班会过程】

（一）欣赏话剧，导入主题

1. 剧前明确重点

教师在PPT上播放观剧时要思考的问题。

PPT出示：

你认为岳飞为什么最终能够成为国之英雄？

2. 观看话剧《精忠报国》

表演组同学分角色，扮演岳飞母亲与岳飞等。剧集讲述岳母从小对儿子岳飞进行爱国教育，并且含泪为孩子在后背刺字。岳飞成年后报效朝廷，成为一位受人尊敬的爱国将领。

3. 观剧后交流心得

教师先请观看的同学发言，后请扮演岳飞的同学发言。学生认为岳飞能够成为抗金英雄，他母亲对他的影响很大。

教师小结：同学们，一个人的成长与一个家庭的风气是密不可分的。家风是中华优秀传统文化的重要组成部分，也为我们新时代社会主义核心价值观的形成提供了丰沃养料。“清白家风不染尘，冰霜气骨玉精神”，这节课就让我们共同走进家风，感受到家风背后的温柔力量。

（二）正反情境，对比感悟

教师引导：同学们，现在有两位与大家年纪差不多大的学生，想分享他们的故事。

情境一：

教师在PPT上出示情境一，请同学认真阅读。

我叫小龙，是家里的独生子，从小娇惯成性，无论犯了什么错，父母奶奶都很护着我。久而久之，我成了家里“小皇帝”，还当起了学校的“小霸王”。虽然我长得较小，但我天不怕地不怕，谁敢不听我的，我就一哭、二闹、三动手。有的小孩被我欺负了之后，去找我父母问责。最开始，我还有点担心，以为父母会批评我，没想到父母只是掏钱给对方赔偿，并不过多责备我。妈妈甚至还会关心地问我有没有受伤。这样纵容的态度，顿时让我的胆子越来越大。

直到一天，我与同桌小胖起了争执，同学们全走了，教室里只剩下我和小胖。我怒气冲冲，把小胖逼到了墙角……

（1）教师提问：同学们，如果让你将故事说下去，你觉得接下来小龙会发生什么？

（2）学生发言，教师注意引导。

（3）教师出示后文，重点部分声情并茂地配乐朗读。

同学们全走了，教室里只剩下我和小胖。我怒气冲冲，把小胖逼到了墙角，开始了激烈的争斗。我不知道为什么自己完全失去了理智，只是想着所有惹我不爽的人，我都要通通报复回去。因为我一贯这样嚣张跋扈，而且心里知道，就算是打人也不会受到惩罚。

可是没想到，这一次我下手太重了。等我回过神来，小胖已经倒在地上。我脑子里乱成一团，第一反应不是自己犯罪了，而是我要跑回去，躲到爸妈身后，就不会有人来怪我了。

不久之后，警察很快锁定案犯就是我。警察赶到我家时，我还在被窝里藏着。母亲跟警察说：“这孩子今天不知咋的了，饭也不吃，话也不说，一头钻进被窝咋叫都不醒。”母亲连叫几声，“小龙、小龙，你咋的了？”我就是不吭声，心里想：“只要我假装睡着了，谁也拿我没办法。”警察猛地掀起了被子，大吼一声：“起来！”我腾地爬起来，哆哆嗦嗦地说：“我……我犯罪了……”

教师：同学们，这个小龙的真名叫作王玉龙（化名），15岁时因犯故意杀人罪被劳动教养。你们所看到的内容不是故事，而是他真实的人生。你们认为，这时候他回忆自己的人生，最恨的会是谁？

（4）小结生发言，师归纳：一味溺爱的家庭教育和负面的家庭风气，让小龙走入歧途。

情境二：

教师在PPT上出示情境二，请同学再阅读。

生于农村长于山野的小琪，高一时母亲意外去世。事发那天，小琪走到家门口，发现家里在办丧事，这才从邻居口中得知，是自己的妈妈过世了。

小琪说："我当时一下子瘫倒在地上，大脑一片空白，一直在哭，内心有种无法形容的痛苦。"

遭遇丧母之痛的小琪备受打击，萎靡不振。最后，是妈妈弥留之际写给他的信，重新点燃了他的希望……

（1）教师提问：同学们，如果你是这位弥留之际的母亲，你会给自己的孩子留什么话呢？

（2）学生发言。

（3）教师出示后文，请全班学生齐读。

"孩子，要刻苦读书。"

对比感悟：

你认为好家风重要吗？可以结合生活中的真实感悟说说吗？

学生举手发言，交流自己身边的真实例子，从正反两个方面展开讨论，从而对家风的重要性产生了更深刻的认识。

（三）寻根溯源，聆听教诲

（1）教师：同学们，其实清白节俭的好家风一直都萦绕在我们身边。长辈们的一句句关怀，父母的一个个言行，都是人生智慧和美德的缩影，他们言传身教，让我们深受家风、家训的滋养和熏陶。

（2）请调查组同学上台，分享自己的调查结果。

① 展示问卷，展示本家族的族谱树状图——我家的根，重点突出家族祖上的祖训和劝诫话语。

② 总结本家族的家风、家训。

③ 谈谈家风对自己成长的影响，如节俭、善良、诚信。

（四）思贤之旅，感悟垂范

（1）教师：我们了解了自己家族的家风，想必对自己的家族又有了更多的理解和归属感。其实华夏大地上，处处都是家风留存的痕迹，"衣冠简朴古风存"的诗句，真正存在于每一处生活的土地上。比如我们广东省，就有很多家风文化资源，处处都可见先贤们浩然正气的传承。

（2）教师展示资料组同学搜寻到的资料。

① 广东省内的家训文化探寻：中山市积极建立“家风家规家训”示范基地，举行广东首站“廉政文化走基层”赠书活动，“廉洁漫画”巡展活动，深入开展“廉洁·家风”系列主题教育活动；河源市首批征集确定了100多个姓氏的家训，编印发放了16万册《客家古邑家训》和《客家古邑文明谚语》读本，在全市打造百个“传扬家训文化，践行当代价值”示范点，建成了“客家古邑家训长廊”，开办集宣传、交流、研究、教育功能于一体的家训文化新媒体平台“家训文化网”；云浮市针对家长、乡村和社区编印《家长教子致要》，开展家庭美德教育；汕头市收集编印了《中华古今家训书法集》及《立德修身家书精选》等读本；潮州市组织开展家风、家训寻访活动，将潮州优秀家风、家训设计印成明信片向社会和海外潮人、潮团公开赠送……

② 播放学生亲自去中山、云浮等地拍摄的照片和视频，请拍摄学生起立分享感受。

小结：新时代的家风并没有被淘汰，它更好地融入了我们的生活中，引导我们的生活和社会向更“清白无尘”的高度前进。

（五）一方家书，一份深情

（1）教师给每位学生发放信纸，给自己的父母长辈写一封家书。

（2）明确家书内容：

① 谈谈自己对好家风的感受和期待。

② 对父母谆谆教诲的感恩。

③ 对父母言行示范事例的讲述。

（3）教师巡视查看，并邀请写得动人的同学将自己的家书投影到屏幕上，与其他同学分享。

（六）笔墨有情，不忘传承

（1）教师展示绘画组同学制作的展板，共同欣赏同学们亲自创作的家风主题手抄报，如“孟母三迁”“卧冰求鲤”等小故事。

（2）欣赏完后，邀请有兴趣的同学在课后共同布置，选择年级展示墙摆放。

（3）选择小小讲解员，课间为其他班的同学讲解手抄报，讲述“我心中的好家风”。

（4）教师赠语：“天下之本在国，国之本在家”，好家风能让一个家庭和谐、一个家族兴旺、一个民族富强、一个国家崛起。愿同学们都能见贤思齐，传承家风，为新时代中国梦注入自己的力量！

【班会效果】

通过本次家风主题班会课，学生会发现其实家庭文化和氛围是十分重要的。家风是中国传统文化和人民生活智慧的缩影，立好家风，就能立好家庭的根。经过多环节的学习和实践，学生会对自己的家庭产生一定的自豪感，对父母的一些言行多一分体谅，并且会对优秀家风形成期待，促使家长在日常生活中贯彻好示范作用。这样双方相长，无形中能拉近亲子关系，减少摩擦。

后续合适的时候，笔者会安排学生将自己的家风展板和“我家的根”族谱树状图结合到一起，形成丰富多彩的内容，走向全校乃至社区去展示，在行动中落实对好家风的传承。

【班会反思】

学生不仅是学校的学生、课堂的学生，也是家庭里的学生。他们在家庭中受到的无形教育更早、更直接、更深刻。我们关爱学生的成长，不光要从学校层面考虑，还要将心系在他们的家中，透过学生出现的问题，探求问题背后的原因。

帮助学生追慕好家风，就是帮助一个家庭树立好家风，就是在为我们的孩子多加一份保险，让他们能够在生活中逐渐学会安身立命、恬然阔达的生活智慧和能力。自此之后，他们如果能够在面对挫折时多一分坚定、面对困顿时多一分自信、面对坎坷时多一分温柔，便是整节课最大的收获了。

童心向太空，共筑中国梦

何 琳

【班会背景】

2021年，中国航天屡创佳绩、亮点纷呈，中国航天将会迎来又一个“超级航天年”。

中国航天事业的蓬勃发展在社会各界引起强烈反响，在无数青少年心中播下了科学与梦想的种子，为引导广大学生了解载人航天知识和文化，为实现国家富强、民族复兴、人民幸福的“中国梦”而发奋学习、不懈奋斗，班主任决定以“童心向太空，共筑中国梦”为主题开展主题班会课，以此激发学生的飞天梦与科学梦。

【班会目的】

1. 传播航天知识文化，为新时代航天知识的科学普及、青少年科学教育和科学素质埋下启发的种子。

2. 帮助学生了解中国航天精神，激励学生向航天工作者学习，培养学生的科学精神和爱国主义精神，立志为实现中国梦而做贡献。

3. 引导学生树立人生目标和职业理想，把个人成长成才和国家的长远发展结合起来。

【班会准备】

1. 安排学生就不同航天调查主题进行分组调研。

2. 教师制作相关PPT课件。

3. 选好男女两位主持人。

4. 各学生、各小组对调研结果形成报告，报告形式可以是演讲、文字呈现，也可以是绘画作品。

【班会过程】

（一）开场白

同学们，还记得2021年“天宫课堂”第一课吗？在那一堂课上，神舟十三号航天员王亚平、翟志刚与叶光富出现在镜头中，在遥远的外太空为我们演示了微重力环境下的细胞学实验、人体运动、液体表面张力等神奇现象，并讲解了科学原理。2021年，“航天”这个词成为我们口中的“热词”，那么大家是否知道中国人的航天梦是源于什么时候呢？而航天梦与我们在座的每一位又有着什么关系呢？我们能为实现中国航天梦做些什么呢？今天我们带着这些疑问，在这里召开“童心向太空，共筑中国梦”的主题活动。

设计意图：直入主题，让学生了解班会主题的同时带着疑问来找答案，将思考贯穿于班会之中。

（二）探索起源：中国人的航天梦，始于四千年前

（1）出示图片，引导学生从源头了解中国人的航天梦。

（2）播放自制视频，介绍中国人航天梦历程。

设计意图：通过图片和视频，让学生充分了解中国人的航天梦的来源，充分体会中国航天人把《山海经》里的神话变成现实的极致浪漫，也充分感受中国人发展航天事业的不易。

（三）分组合作：探秘中国航天事业

（1）教师引导：观看图片和视频，在视频中我们不断地听到一些专有的航空名词，比如“长征火箭”“神舟飞船”“空间站”等，它们都是什么？同时老师的耳边也不时闪过一些先前就耳熟能详的词，比如“嫦娥”“天问”“祝融”等，这些神话中的词汇又为什么会出现在航天事业的发展史中呢？带着这些问题，我们让小组成员前往校外合作调查，下面我们一起来听听他们的汇报吧！

（2）主持人组织小组成果汇报。

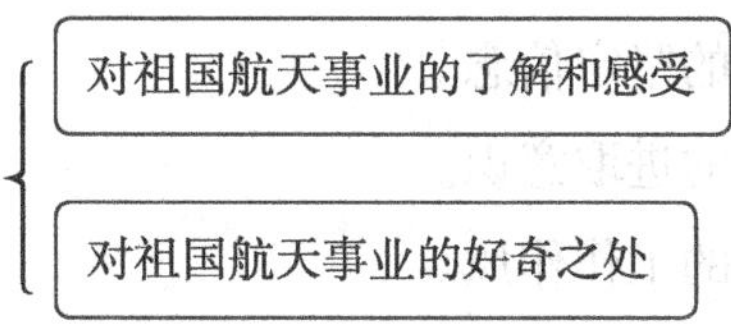

（3）航天突击队调研方向。

航天突击队汇报课前调研成果，并提前根据人们的知识盲区和感兴趣的部分形成调查表提交给航天博学队。

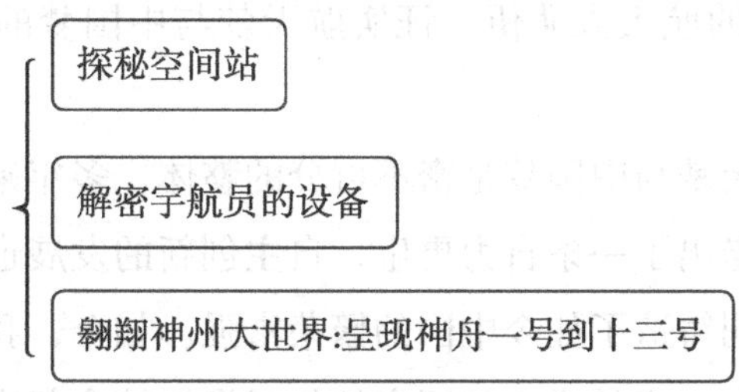

（4）航天博学队汇报内容。

航天博学队主要负责根据突击队的调研成果展示调查内容，启发同学探索航天奥秘。

- 揭示中国航天起名的浪漫
- 介绍中国航天器起名由来

（5）航天浪漫队汇报内容。

航天浪漫队主要负责根据调查中国航天成就的起名由来，让同学充分了解中国航天文化源远流长。

（6）主持人小结分组合作活动。

（四）感悟航天精神：逐梦星辰大海

（1）教师导语：提到中国航天精神，不由得想到老一辈航天领军人物。比如中国“航天之父”钱学森与“航天四老”。一代代航天人接力奋进，协同攻坚，不断超越，铸就了中国航天精神。老师想请同学分享你课前所了解到的相关航天科学家的事例。

（2）教师引导学生由事例提炼航天精神内涵：

① 热爱祖国、为国争光的坚定信念。

② 勇于登攀、敢于超越的进取意识。

③ 科学求实、严肃认真的工作作风。

④ 同舟共济、团结协作的大局观念。

⑤ 淡泊名利、默默奉献的崇高品质。

（3）师生互动：说说你对航天梦与中国梦的理解；谈谈青少年与航天梦、中国梦之间的关系。

（4）介绍年轻的航天人队伍，证实航天梦与中国梦的实现与青少年密不可分。

教师小结：航天梦与中国梦是密不可分的整体。多年来，中国航天人自强不息、接续奋斗，走出了一条自力更生、自主创新的发展道路，积淀了深厚博大的航天精神，共同铸造了如今中国的繁荣富强。如今，我们应该树立人生目标和职业理想，把个人成长成才和国家的长远发展结合起来，奋力去实现自己的梦。

设计意图：通过小组合作调研和展示调研成果，让学生清楚国人对航天事业的了解程度，从而更好地在校园进行航天知识文化科普。

（五）畅想航天：说说我的航天梦

以绘画、演讲等形式表达自己对未来航天科技的畅想，也可以谈谈属于自己的航天梦。

设计意图：通过绘画、演讲等多种形式的呈现，让学生对航天未来进行大胆想象，彩绘属于自己的时代蓝图。

（六）班会小结：童心向太空，共筑中国梦

同学们，1970年4月24日中国第一颗人造地球卫星“东方红一号”成功发射。从人造卫星到载人航天，从月球探测到火星计划，从“悟空”到“墨子”，从“天宫”到“天舟”，中国航天事业一步步走向辉煌。党的十八大以来，习近平总书记特别重视航天事业发展，多次寄语航天界、航天人，为新时期我国航天事业的发展，指明了方向。习近平总书记曾说过：“航天梦是强国梦的重要组成部分，随着中国航天事业快速发展，中国人探索太空的脚步会迈得更大、更远。”那么同学们，就让我们追寻前辈的脚步，继续我们的航天梦，在实现中国梦的征程上，留下属于我们最独一无二的足迹，不负我们的青春使命。

设计意图：小结班会情况，呼吁学生为实现航天梦与中国梦担负起青春使命，升华主题。

六年级

与友善行，惜同窗情

蔡敏舒

【班会背景】

1. 在《社会主义核心价值观教育读本》中，从“常怀善良的心，常做善良的事”“尊重他人，友好相处朋友多”“帮助你，我快乐”三个角度说明友善待人的意义和作用。

2. 在小学初期，学生能从体贴他人、尊重他人、帮助他人几个角度帮助学生理解友善，也能让学生在一定程度上，有方向性地往友善方向靠近。

随着年龄的增长，学生理解的“友善”的维度会越来越广，尤其在临近毕业之际，正准备进入青春期的学生，遇到的矛盾会越来越多。此时重提友善，与同学情谊相结合，能让学生更好地理解友善待人的意义，并且带着一份同窗情，去践行友善。

【班会目的】

1. 鉴别是否为友善行为。在答疑解惑中懂得体贴、包容、理解他人。

2. 清楚友善的具体内容。在收集不友善的实践活动中，反思自己曾经的行为，并能小结出友善包含的内容。

3. 有正确的自我认识。在回忆视频中感受同窗情，对自己过往行为做出评判。

4. 学会珍惜友情。在写纸条和系丝带活动中，用感恩表达自己的友善，用歉意表达自己的悔悟，牢系多年同窗情。

【班会准备】

1. 主持人：培训班会主持人，并参与本次班级活动策划。

2. 调研小队：收集同学与同学之间相处的烦恼。

3. 摄影小队：收集班级日常的点滴照片，形成相册集。

4. 寻美小队：录制班级同学“友善”一面的短视频。

5. 物资准备：蓝色丝带、粉色丝带、各色爱心卡纸。

【班会过程】

（一）细读来信，出谋划策

（1）教师：成长的过程总有许多磕磕碰碰，但六年级的我们越发成熟，有了独当一面的能力。所以今天的班会课，由同学自己组织，去解决和同学相处中遇到的不愉快的难题。有请我们的主持人。

主持人1：大家好，我是这节班会课的主持人——靖宇。

主持人2：大家好，我是这节班会课的主持人——梓萧。

靖宇：今天我们的班会主题——“与友善行，惜同窗情”。特聘记者A、B、C将给我们带来前方第一手资料。

梓萧：现在我们有请记者A。

记者A：我发现最近班里氛围不怎么好，总有一些埋怨、打架现象，太不友善了，我就去采访了他们，究竟都为什么事这么暴躁。

靖宇：是啊，还有几个同学跟我诉苦。一起来看看他们都为什么事而烦恼。

（2）教师播放来信视频，视频前期收集班级各种矛盾。

同学A：班里的小贺，是我的一个朋友。可是她天天板着脸，喜欢乱发脾气，真不知道怎么和她相处。有一次，我就看了一下她的作文忘了和她讲，她却跟我冷战了好几天。就说昨天吧，她被老师批评了，可是转头竟然往我身上撒气。我气不过来，朋友又不是她的撒气筒！于是便和她大吵了一架，唉，感觉现在要失去一个朋友了，我该怎么办?

同学B：我不喜欢班里的同学小马，他喜欢打架，二年级的时候很多同学被他打哭了，那时候他还打过我！他以后有事需要我帮助，我再也没有理睬过他，这种暴力的同学不值得有人帮他。我们班里的小风也不好，五年级的时候他弄坏我的笔，他就是这样的，总是弄坏别人的东西，我再也不会借东西给他了。可是，同学怎么都说我小肚鸡肠呢，对待坏同学，不应该这样吗？

（3）靖宇：我听完他们的事情总觉得有些不对劲，似乎，错误也不全在同学身上。唉，他们的烦恼我可解决不了。

梓萧：那我们来求助我们班聪明的同学们吧。到底视频里的同学都做错了什么，怎么做才能不那么苦恼呢？

（4）学生讨论，并回答。

（5）靖宇：感谢大家的建议，我也豁然开朗了。老师，您有什么想对我们说的吗？

教师：多一份体贴，多一些包容，多一点理解。做事前多想一想是否会打扰到他人，凡事多从自己身上找原因，用一颗善良、积极的心去理解同学！相信你们的相处会更为和睦。

（二）悟昔日过，忆同窗情

梓萧：不知道前方又给我们带来了哪些新情报呢？现在有请记者B。

记者B：其实很多不友善的举动就发生在不经意间，有时候我们并不知道自己的行为伤害到了同学。这是我收集到许多同学反映的，让他们很受伤的不友善行为。我把它们整理成一张自评表，符合自身情况的，请写"√"；如果你不认同，就请写下"×"。请同学们填一填。

（学生填写自评表，问卷前期由班里同学收集认为不友善的行为修改而成）

记者B：填写完之后，大家按照上面的标准打分。1—9题：打"√"得0分，打"×"得1分。9—18题：打"√"得1分，打"×"得0分。

总分为16—18分，特别友善；总分为13—15分，比较友善；总分为9—12分，一般友善；总分为0—7分，有待友善。

靖宇：相信大家在填写的时候，你们对过往的自己也有了评判。希望曾经不友善的自己能在刚刚的自责中随风而逝。通过自评表反思，我们又该如何和同学相处呢？

（学生回答）

梓萧：感谢同学们的分享，在刚刚的思考中，相信我们班能以更友善的姿态去面对接下来的学习和生活！

教师：小结同学们的发言，我听到了很多优秀的品质，如尊重、宽容、分享、诚实、谦虚、感恩、助人、负责……用这些美德去规范自己的行为，你不仅能成为一个友善的人，更能成为一个道德高尚、人见人爱、优秀的人！

（三）回首往昔，纸条寄语

1. 播放视频

教师：在刚刚的自评表填写过程中，老师不由得想起了和你们相处的近三年，心中不舍。不知道一起相处了快六年的你们，想到曾经对同学的友善或者不友善，不知道是否也浮现了曾经经历的点点滴滴呢？

（教师播放视频并和学生一起看视频《我们的时光》）

教师：视频播放过程中，我看见有同学嘴角偷偷上扬，看见有同学眼角泛起泪光。请同学们闭上眼睛，在脑海中思考一下，有哪些同学，是你相处了六年，却甚少了解，说话没有多少句的？有哪些同学，曾经做出过伤害别人的事情，一句“对不起”却说不出口？有哪些同学，是你特别想感激，却一直没有机会说声“谢谢”的？

六年的同窗情，即将离别，在这间教室，这群人，我们一起相处的时间越发稀少。可能再也遇不到这样的人，六年，陪你没心没肺地打打闹闹、哭哭笑笑；可能再也遇不到这样的人，默默守候，在你需要的时候，二话不说，伸出援助之手；可能再也遇不到这样的人，前一秒怒骂厮打，下一秒转身拥抱，还是朋友……每一个人都独一无二，每一段记忆都弥足珍贵，再也不会有这样的六年了……

2. 写纸条

靖宇：刚刚六年的一幕幕从我们眼前闪过，我突然有好多话想对班里的同学说。

梓萧：是啊，我特别想对 × × 说谢谢她，她总是在我参加比赛前，陪着我鼓励我，总是在我需要的时候，给我勇气。

靖宇：不如，让我们把这些想对同学说的话写下来吧。那些说不出口的对不起，那些来不及开口的谢谢。请同学们拿出桌面的便利贴，写一写你想对班级或者班里其中一个同学说的话。

3. 分享话语

靖宇：梓萧，我也特别想跟你说……谢谢有你的陪伴。

教师：我们先请两位主持人，把他们的话贴在爱心纸上。老师这里有两条丝带，蓝色丝带代表感恩，紫色丝带代表歉意，请你们为彼此系上相应的丝带，并给对方一个拥抱吧。

教师：还有哪些同学想上来分享？

（学生分享）

（四）倾诉懊悔，互系丝带

（1）教师：时间有限，不能一一展示，但是老师给大家每人准备了4条丝带，蓝色丝带代表感恩，去跟你最想感激的人说一声谢谢，并为他系上蓝色丝带；紫色丝带代表歉意，去对你抱有歉意的同学，说一声对不起，为他系上紫色丝带。说清楚事情，无论是感激或者原谅，都给你的朋友一个拥抱吧。

（2）学生活动。

（3）教师：希望六年的矛盾在刚刚的拥抱中得到化解，希望六年的感情在刚刚的拥抱中得到升华。请同学上台分享你在活动中的感受。

（4）教师：虽然时光匆匆，但是我们还有3个多月的相处时间，在接下来的日子，你会怎么和同学相处呢？

（五）寻觅感动，感悟友善

（1）梓萧：除了以上同学所说的，我们前方记者C也及时发来了最新报道。有请记者C。

（2）记者C：其实我们生活中有很多友善相处的点滴细节，相信能给大家带来不少启示。

（3）播放视频，视频前期收集各种班级友善的行为点滴。

镜头一：

操场上，同学A在走路，旁边经过的同学B钥匙掉了，同学A急忙捡起钥匙并追了上去，两人相视一笑。（字幕：友善是一句提醒）

镜头二：

教室里，同学A趴在桌上哭泣，旁边经过的同学B走过去，轻轻拍拍她的肩膀，并递上一张纸巾，同学A破涕为笑。（字幕：友善是主动关怀）

镜头三：

篮球场上，一群男生在打篮球，同学A背着书包孤零零地看着，同学B看见后跑过去伸出手拉他一起加入。（字幕：友善是一种容纳）

镜头四：

楼道上，同学A发现前面有个纸团，走过去，捡起来。（字幕：友善也是对环境的爱护）

……

（4）靖宇：多一分微笑，少一分摩擦；多一分谦让，少一分争执；多一分理解，多一分友谊。友善其实很简单。

梓萧：希望在今后，我们能记得今日，记得不仅于同学友善，更要以一颗友善的心去对待这个世界。

教师：今天的班会课特别精彩，主持人的主持，记者的报告，还有在场所有同学的表现，解决了班级不友善的问题。希望在往后的日子里，我们能践行友善，和睦地和同学、和所有人相处，把友善传递下去！

（六）作业布置，延续友善

学会友善：

（1）每天对身边的人多微笑三次，把欢乐传递下去。

（2）每天做一件帮助他人的好事。

（3）当别人让你感到不愉快时，尽量去理解他，试着去了解他的苦衷。

【班会效果】

班级大部分同学参与到班会的准备中，能更细微地发现同学之间相处的点滴，发现了曾经忽略的许多美好，也为班会活动做好情感铺垫。

在课堂分享中，通过一层层循序渐进的探索，学生更能反思到曾经与同学相处的遗憾，表达的时候更能激发出内心的真情实感，到系丝带环节达到高潮，现场感人。

但一节课不足以让他们时刻谨记与人为善，在课后，在班级墙中设置“同窗邮局”，探索更多属于同学间的美好，也达到行为相互督促的作用。

【班会反思】

本次班会主要以学生活动为主，学生策划，学生主持，教师从旁指导，六年级也已有学生能应对这样的主持活动。班会内容从准备到课后，将“友善”主题，贯穿始终，层层铺垫，通过活动将学生情感拉到高潮。利用学生对六年来之不易同窗情的珍惜，规范他们行为的友善，从身边到他人，再到世间万物，逐渐升华。但本次班会课还主要局限在学生之间，虽有以小见大的心，但内容不够充分，效果不明显，需要更多后续活动的点拨。

以诚立德，以诚立人

曾 琳

【班会背景】

诚实守信自古以来就是中华民族的传统美德，但在日常生活中越来越多不诚信的声音出现。在校园或家庭生活中，有些学生对诚信的重要性缺乏应有的认识。有的学生对家长不诚信，不愿意将在学校的真实表现告诉家长；有的学生对老师不诚信，作业抄袭、不诚信考试；有的学生则对同学不诚信，影响双方的交友关系。

今天的学生，就是明天社会的主体，今天的诚信校园，可以支撑明天的诚信社会。因此，本次开展“以诚立德，以诚立人”的主题班会活动，为学生打好人生的道德底色。

【班会目的】

1. 通过本次班会课，使学生逐步养成诚信的品质，做到诚信待人。

2. 通过本次班会活动，从联系生活到感悟经典案例故事，使学生认识到诚信的重要性，树立起诚信意识。

【班会准备】

1. 教师准备：制作课件；收集与诚信有关的经典故事；提前发放诚信调查问卷、制作统计表格；组织学生排演小品。

2. 学生准备：制作诚信卡片；收集有关诚信的名言；小组组织排练剧本。

【班会过程】

（一）游戏导入，体验诚信

教师：同学们，上课前我们先来玩一个熟悉的小游戏——剪刀石头布，谁愿意挑战一下老师？

随机挑选一位学生，老师每次都提前告诉学生自己出什么，共比赛五轮，前两轮如实出招，后面三轮都是误导，导致学生输掉比赛。

教师：很遗憾你输掉了比赛，老师想采访一下你，在这个过程中你有什么感受？（学生畅所欲言）

小结：是啊，刚刚老师的确“胜之不武”，当我们面对诚信缺失的时候，是随波逐流，还是始终坚守自己的诚信底线呢？本次班会课我们就以“诚信”为主题，展开讨论。

（二）联系生活，谈谈诚信

1. 分享诚信名言

师：同学们，课前大家搜集了许多有关诚信的名言警句和故事，你知道哪些有关诚信的名言？谁愿意分享？（指名回答）

师：看来你们课前准备得很充分。你们是怎么理解“诚信”的呢？可以结合名言或你身边的例子说一说。

学生谈谈自己对诚信的已知概念和理解，教师随机点评，一一肯定。

2. 展示诚信调查表

（PPT出示课前准备的诚信调查表）

教师：同学们，这是年级匿名填写的诚信调查问卷，看了这些数据，你有什么感受？（指名回答）

教师：是啊，不诚信的“小病毒”正在我们周围蔓延，生活中你有没有发现过哪些不诚信的现象，或者自己有过不诚信的表现，你是怎么做的呢？请跟四人小组交流讨论。

四人小组派代表上台汇报，学生间相互补充。

小结：是啊，“去小恶以保本真，积小善以成大德”，这是中华民族的传统美德。但这些美德却被一些人丢失了。我们要时刻坚守诚信的底线，以诚立德。

（三）小品演绎，情景体验

教师：几千年来，“一诺千金”的佳话广为流传，今天我们来欣赏一则小品《诚信摆渡人》，有请我们的小演员。

两名学生根据提前排练的剧本演绎，一名演坐船人，一名演老艄公，其他学生认真观看。

教师：感谢两位同学的精彩演绎。刚刚我们的“观众们”看得很入迷，小品中的坐船人因为抛弃了“诚信”这个行囊，后来失去的越来越多，你有什么感想呢？

（学生畅谈感受）

（四）案例分析，剖析诚信

诚信是我们中华民族的光荣传统和美德，是一笔宝贵的精神财富。古往今来有许多诚信小故事，教师一一讲解：《楚王击鼓》《两百年的契约》《第一桶黄金》。

教师：读了这三个有关诚信的案例故事，你有什么感受？（指名学生谈感受交流）

教师结合案例小结：古人云：“人无信不立，政无信不威，事无信不进。”诚信是做人的基本准则，我们不仅要以诚立德，更要以诚立人。

（五）立下约定，落实行动

1. 写一首诚信小诗

学习了今天这节课，你一定有很多感悟，试着把它们写下来，汇编成一首诚信小诗。

2. 完成诚信卡片

在课堂上组织学生拿出准备好的诚信卡片，按照格式内容填写，并大声宣誓。完成后一一将诚信卡片张贴在教室后的墙面上。

课堂小结：诚信与我们的生活、学习、交友息息相关，诚自心，信必行，孩子们，让我们都把诚信装在心中，从身边的一点一滴做起，做诚实守信的阳光少年，去迎接人生的每一次挑战！

【班会效果】

本节课通过搜集关于诚信的资料、表演情景剧等方式让学生初步感知了诚信的内涵以及重要性。在课上，通过同学们的感悟，进一步小结诚信的重要意义。诚信其本质就是信守诺言，诚信是人与人交往的基本准则，也是立德修身之本。

在本节课后，我还将继续开展诚信系列活动，“捕捉身边的诚信”“制作诚信小书签”“让诚信走出校门”等，结合学校的德育活动和社区的宣传，开展相关的实践活动，进一步提升学生对诚信的认知。

【班会反思】

本次围绕“诚信”为主题的班会活动，充分锻炼了学生搜集资料、分析数据的能力，在课堂上也给予了他们畅所欲言、尽情表演的舞台。课堂氛围是开放的、活跃的，学生表现主动，始终给人以轻松愉悦之感。另外课堂上瞄准学生中普遍存在的问题，认真把握学情，创设情境时贴近学生的生活，做到师生互动民主。

正确处理和同学们的冲突

李达灏

【班会背景】

班级是一个大的集体，同学之间起冲突的情况时有发生，而六年级的学生刚刚迈入青春期，容易冲动，经常因一点小矛盾而出口成脏、大打出手，发生这样的事情，不利于学生的身心健康以及班风的建设，为了更好地进行班级管理，营造一个良好的学习环境，增进同学间的友谊，增强学生的班级荣誉感，我认为有必要开展一节主题班会。

【班会目的】

1. 让学生学会换位思考，善于站在对方的角度看待问题，学会多角度思考问题。

2. 让学生学会宽容，懂得尊重、欣赏他人，形成良好的道德修养与心理调节能力，珍惜同学友谊，巧妙地避免矛盾冲突。

【班会准备】

1. 制作冲突调查表（内容包括姓名、和谁发生冲突、事发原因、解决办法）。

2. 发动学生从各种渠道收集有关“宽容”的文章。

3. 网上收集几则发生在学生中真实的案例。

4. 练习歌曲《朋友》，准备合唱。

【班会过程】

（一）游戏导入，激起兴趣

游戏1：我演你猜。

要求：

（1）两位同学分别表演表情、姿势和动作，其他人猜，看谁能猜对。

（2）游戏时不准提问。

游戏2：我说你画。

要求：

（1）一位同学描述图形，其他人画，看谁画得像。

（2）游戏期间不准提问。

游戏结束，请学生谈感悟。

教师小结：即使是同一个人说话或表演，大家的理解都是不同的，人与人之间难免就会出现误会和冲突，那么大家还记得你生活中起冲突的场景吗？

（二）情景还原，交流讨论

（1）学生回忆与同学产生误会、起争执的情况，写在调查表中。

（2）学生描述当时的解决办法以及解决结果。

（3）展示学生中的暴力冲突的新闻事件，学生观看后谈感受。

（三）故事再现，知道方法

1. 老师讲故事

情景1：

小王是一名六年级学生。一天早晨，他匆匆忙忙赶去上早读，走进教室，看到自己课桌上的书不知被谁碰倒了，心里极感不悦，正埋头理书，小张起来了，想偷个懒从他的座位旁挤过去，而小王正因为书被别人碰倒了，心里不高兴，就不让小张过，一个要过，一个偏不让，结果发生了争执，后来，小王居然动起手来，将小张打倒在地，脚也给碰伤了。

（1）小王和小张为什么产生冲突？

（2）你觉得小王、小张应该怎么做？

请学生说一说或者演一演。

情景2：

强强有一点胖，悦悦给他起了个外号叫“肥猪”，强强为此很烦恼。

（1）请说出强强烦恼的原因。

（2）你是否有过类似的经历？

（3）请同学们说说自己的感受。

（4）你觉得强强和悦悦应该怎么做？

情景3：

小梅一直比同桌小华成绩好。有几次小华考得比小梅好，小梅就对小华爱答不理的，甚至还在同学间散布谣言，说小华的好成绩都是抄来的，小华很难过。

（1）小梅为什么这样对小华？

（2）如果你是小华，你会怎么做？

（3）如果你是小梅，你应该怎么做？

想一想：

（1）你觉得同学之间产生误会、冲突的原因还有哪些？我们应该怎么办？

（2）你发现了吗？在人际沟通时，除了口头和书面语言，还有什么会影响到我们的沟通效果？（身体语言）

出示心理学小知识：身体语言（包括目光与面部表情、身体运动与触摸等）。

让学生说说：什么样的身体语言会让人感觉愉快呢？

然后和学生一起做一做。

目光与面部表情：说话时，目光注视对方应该大体在面部，表情轻松自然。范围过小易产生压迫感，过大则太散漫、随便。例如，展示真诚善意的眼神和友好的微笑。身体运动姿势：做出认真倾听的姿势，如展示微微前倾动作。

2. 学生讲故事

一次理发师给周总理刮脸，总理咳嗽了一声，刀子把脸刮破了，理发师十分紧张，不知所措，周总理和蔼地说："这不能怪你，我咳嗽前没有和你打招呼，你怎么知道我要动呢？"这桩小事，使我们看到了总理身上的美——宽容，凡事先找自己的不足，进行换位思考，同时也能换来别人的宽容。

（1）提问：什么是宽容？

（2）学生结合自己过去和同学起冲突的情况谈解决办法。

小结：什么是宽容？所谓宽容，就是能原谅别人的过错，能允许别人有不同于自己的意见存在，能接受朋友及他人的成功。

只要宽容，我们就一定能够拥有一个和谐的班级；我们就一定能够拥有一份珍贵的友谊；我们就一定能够拥有更美好的明天！让我们一起合唱《朋友》这首歌，把自己对友谊的珍惜唱出来！

（四）班会小结

这次的主题班会，同学们对同学关系的理解与问题的处理有了更深的认识。当与朋友产生矛盾时，需要用尊重、宽容、理解的态度去对待对方，并坦诚地检查自己，主动承认自己的过错，以求得朋友的谅解。这样做的结果，能使对方真切地感受你的尊重、理解和坦诚，并化解你与朋友之间的矛盾。

【班会效果】

1. 通过情景再现，学生认识到错误处理冲突的危害，能理智地化解与同学们的各种冲突。

2. 在班会上开展“今天我忍住了”“今天我错了”等小分享，让学生对自己的所作所为做简单分享，引导学生关注正能量的言行。

3. 学生回家之后与家长讨论：当你看到同学发生冲突时，你应该怎样做是正确的？并引导家长正确处理学生之间的矛盾：当孩子回家后讲述在校与同学发生冲突时，家长不能自作主张地责骂孩子或者私自找对方家长进行理论，首先需要向老师反映；小学生毕竟还是思想不够成熟，会有冲动的时候，下手不知轻重，但是不管谁先动的手，只要是动手了，就是不对的，需要正面引导学生，主动寻求老师的帮助。

【班会反思】

1. 学生是十分有自尊心的个体，思想不成熟，容易冲动，当自己被侵犯时，容易产生报复心理，做出一些自认为解气的行为。

2. 在教育学生正确处理与同学的矛盾的时候，引导学生清楚冲突之后造成的各种结果，让学生明白退一步海阔天空的道理。

3. 在带领学生回顾事情的经过的时候，着重分析利弊以及必要性，让学生体会到动手是没有必要、没有好处的一件事情。

做文明小学生

石金田

【班会背景】

讲道德、懂礼仪是学生健康成长的需要。由于社会、学校、家庭等诸多因素和网络不良信息的相关影响。现在的小学生对“文明礼仪”的意识越来越淡薄，在部分学生中出现了“不尊重教师”“不尊重同学”“不尊重家长”“自私自利、出言不逊”等不良习气。校领导和全体教师看到了这一现象，为了树立良好的班风班貌，让礼仪道德重回每个学生的心中，使学生从小受到良好的礼仪教育，针对六年级学生的特点，采用生动活泼的形式，准备举行一次让礼仪之花开得更加娇艳的主题班会。

【班会目的】

（一）体验感悟目标

1. 通过看录像、听录音、网读材料、讨论等系列活动，使学生懂得讲文明懂礼貌是中华民族的优良传统，是学生须具备的美德。

2. 把礼仪常规贯穿到歌谣、小品、朗诵等各种表演形式中，让学生受到情趣的熏陶和思想品德的教育，懂得礼仪对每个学生成长的重要性。

（二）行为改变目标

1. 使学生对自己还存在的不符合文明礼仪的行为有清楚的认识，并能在班会中受到教育，使自己能严格要求自己，避免不文明行为的发生。

2. 使学生在学习生活中正确运用礼貌用语与他人沟通，培养学生从身边小事做起，努力提高自己的文明、礼仪修养。

3. 使学生学会尊重老师，尊重同学，培养学生宽厚待人，与他人友好相处的意识。

【班会准备】

1. 开班会前，做好前期铺垫：搜集中华文明礼仪的故事、小品、歌谣、朗诵等资料；调查争做文明学生的做法。

2. 关于小学生礼仪的音像、文字材料。

3. 环境布置（黑板、场地等），设计一张图画于主题班会黑板上。

4. 组织学生准备有关节目，评出班级文明礼仪标兵8—10位。

【班会过程】

活动导入（班主任）

中国自古以来就是礼仪之邦，文明礼貌是中华民族的优良传统，作为新一代的少年儿童，我们更不能忘记传统，应该力争做一个讲文明、懂礼貌的好学生，让文明之花常开心中，把文明之美到处传播！我宣布："做文明小学生"主题班会现在开始。

环节一：文明礼仪大家谈

班长："做文明小学生"主题班会，使我们在学习生活中正确运用礼貌用语与他人沟通，培养我们从身边小事做起，努力提高自己的文明、礼仪修养。那么在学校中我们应该做到"校园文明大家谈"，有请同学们谈谈我们应该注意哪些方面的礼仪。

（学生自由发言）

（1）尊师的礼仪。

（2）学生的形象礼仪。

（3）对同学的礼仪。

（4）家庭礼仪。

环节二：文明榜样我知道

班长：中国是一个有着几千年文明历史的古国，文化源远流长。作为礼仪之邦，中国历史上有很多故事至今仍深深地教育着我们，大家了解哪些关于文明礼仪的故事、小品、歌曲？

（故事组同学自由发言）

学生1：《孔融让梨》。

学生2：《黄香诚心敬父母》。

教师：看到这两个小故事，同学们觉得在生活中我们应该怎么对待我们的父母和兄弟姐妹？（小组讨论一下）学生自由发言。

（小品组同学表演《我和小伙伴》）

教师：通过这个小品，大家认为该如何与小伙伴相处？

（学生自由发言）

班长：如果家里来了客人我们应该怎么做呢？下面请欣赏小品《家里来客了》。

（快板组同学表演《校园美》）

教师：同学们，今天我们学习了很多礼仪方面的知识，作为一名新时代的少先队员，我们要做到遇到师长、来宾，主动敬礼问好；上下楼梯，人多拥挤，注意谦让，靠右行走……

环节三：不文明在身边

教师：我们共同生活在这所美丽的校园里，我们应该和谐相处。在前段日子里，我们班里出现了几幕这样的情景，请看小品《课间活动》、情景剧《公物上的"雕刻"》、不文明行为的图片。

（观看结束）

班长：同学们对这种现象有什么看法？我们应该怎么做？

（学生自由发言）

教师：为了使我们能够更好地学习、生活，我们需要一个优美和谐、秩序井然的校园环境。我们是学校的主人，理应"从我做起，从现在做起"，为建设美好校园做出我们自己的一份贡献。结合语文学习的倡议书，写下我们向全班同学的倡议：

（1）语言文明、礼貌待人。

（2）讲究卫生，保护环境。

（3）遵纪守法，严格遵守中学生行为规范和文明守则。

（4）爱护公物，遵守公德。

（5）志愿活动，积极参与。

同学们，让我们在这个美好光明的季节里，撒下文明之种，栽下礼仪之花，从现在做起，从每一个细节做起，做一个文雅、和气、谦逊的人。让校园因我们更青春，让春天因我们更温暖！

六年级

2022年1月

环节四：文明礼仪的宣誓

（1）班主任小结：亲爱的同学们，文明礼貌是一粒最有生命力的种子，作为一名学生，作为中华民族的后代，我们有义务、有责任弘扬我们的礼仪传统，树立良好的自身形象。只要心里播下这粒种子，它就会在我们的精神世界里生根、开花、结果，那么我们的社会就会更美好！希望通过这次活动，能让我们真正理解文明礼仪的重要性，让我们把文明的种子撒遍生活的每一个角落，让文明之花越开越盛，开遍家庭、校园、社会！

（2）为“文明礼仪标兵”颁奖。

（3）文明宣誓。

文明礼仪使有礼貌的人喜悦，也使那些受人以礼相待的人们喜悦。那么就让我们每个人都从小事做起，从我做起，让文明礼仪与我们同行！

文明宣言大家齐声念，预备：

我们要向不文明现象宣战，争做文明学生，创建文明校园。

——宣誓者：六年级（6）班全体同学

“做文明小学生”主题班会到此结束。

【班会效果】

通过本次班会活动，认识到文明礼仪就在我们身边，体会文明礼貌的重要性，在日常生活中注意文明礼仪，培养了学生从现在做起，从自我做起，从一点一滴做起，从每时每刻做起，提高自己的文明、礼仪修养，做一个新世纪讲文明的小学生。后续教师和同学都相互监督，加强对文明礼仪行为的监督。

【班会反思】

对小学生进行礼貌教育，是一个巨大的工程。讲文明、有礼貌、重礼仪是孩子们健康成长的需要。这次的班会目的是通过活动对小学生进行礼貌教育，这是一个巨大的工程。讲文明、有礼貌、重礼仪是孩子们健康成长的需要。本次班会课是通过活动的方式，使学生懂得小事中处处体现着一个人的素质，文明礼仪是做人的美德。把礼仪常规贯穿到情景剧、快板、小品、故事等各种表演形式中，让学生受到情趣的熏陶和思想品德的教育。学生觉得主题班会的形式很好，乐意参与到活动中来，连平时从不发言的学生也抢着说，抢着演，让他们体会到了成功的喜悦。课后的一段时间，学生也能把礼貌用语常挂在嘴边，文明之花开遍班级。

当然，也有小部分学生自觉性不够，只能坚持很短的时间，一旦没有提醒，他们就会忘记，尤其是在上学放学路上，不能主动向老师问早、问好。同学之间没能礼貌相让、使用礼貌用语。其实，要真正让文明礼仪之花开遍班级、开遍校园，不能只靠一节班会课，而应在平时的教育、教学中常抓不懈。

安全教育

石一雪

【班会背景】

小学生是一群阳光活泼、自我约束力由弱到强、需要不断成长的群体，而六年级（4）班的学生整体较其他班级更为躁动，虽然孩子们也很重视老师的积极引导，但自我约束力还需继续加强，有时情绪容易不受控制，有可能做出不理智或者欠考虑的举动，此时就可能出现一些安全问题，因此有必要通过一次主题班会，系统地学习安全知识。

【班会目的】

本次班会课的预设性效果：希望学生通过小品、竞赛、游戏的方式，意识到“安全”问题与我们各自的日常生活紧密相关，引导他们树立较强的安全意识；在校园课间休息和在生活中遇到突发状况时，能利用自己学过的安全知识进行自我保护，免受伤害，也鼓励学生能将所学或应对问题的经验与朋友分享，传递安全知识，共同营造和谐安全的校园。

【班会准备】

1. 收集素材：列举相关资料。
2. 组织表演能力突出的学生排演小品。
3. 组织竞赛试题，选出知识竞赛环节的主持人。

【班会过程】

导入班会：同学们，我们一直有父母、家人和老师的关心爱护，但日常生活中，有时也存在一些不安全因素需要我们自己解决。今天，我们针对此话题开展一次“安全教育”主题班会课。

第一模块：警钟长鸣

（一）导入“安全”话题，引起学生关注

这部分的设计环节如下：

教师开门见山：同学们，生命是无价的，生活是多姿多彩的，而拥有并维持这些的前提是“安全”。

然后教师出示问题：在日常生活中，我们可能会遇到哪些安全问题？请结合事例说一说。预设：学生会结合校内外所见所闻发表看法，内容可能涉及消防安全、交通安全、用电安全、食品安全、人身安全等。

接着，教师鼓励其他学生继续思考并回答：刚刚几位同学提到的这些安全问题能不能避免？如果可以，应该怎么做？学生在这一环节的思考和回答中能够意识到：安全无小事，我们必须树立良好的安全意识。

最后，教师过渡：接下来的学习环节就是考考同学们的安全意识到底有多强。（为小组讨论做铺垫）

（二）小组讨论（4—5人为一组）

（1）在公共场所遇到人流拥挤怎么办？1—3组讨论。

（2）在场馆内遇到火灾怎么办？4—6组讨论。

（3）行走时怎样注意交通安全？7—9组讨论。

（4）游泳时应该注意哪些事项？10—12组讨论。

（三）小组选择代表有针对性地提出解决方案

结合学生的讨论内容，预设小结如下：

1. 在公共场所遇到人流拥挤怎么办

（1）不盲目跟随周围人流移动，选择安全地点短暂停留。

（2）不要逆着人流前行。

（3）不要捡拾或回头去找掉落的物品。

2. 场馆内遇到火灾怎么办

（1）不慌乱，根据指示，有秩序尽快撤离。

（2）不去狭窄的角落，不躲在座椅下面。

（3）若离安全出口较远，可迅速用手帕或帽子捂住口鼻，弯下身体，沿着墙面向出口移动，尽快逃离。

3. 交通安全需要注意什么

（1）走人行道，没有人行道要靠右边行走。

（2）避让机动车辆。

（3）“眼观六路”，做到“红灯停，绿灯行”。

（4）不乘坐超员车、报废车。

4. 游泳时应该注意哪些事项

（1）要经过家长同意，有大人陪同，不可独自前往。

（2）选择有安全保障的游泳场所，水下情况不明不跳水。

（3）游泳前做好准备运动，饱食、饥饿、剧烈运动或繁重劳动后不要游泳。

（4）发现有人溺水，不要贸然下水营救，寻找成年人帮助。

（四）轻松时刻（5分钟）

学生主持人主持安全知识竞赛抢答。每答对一题得2分。

（1）同学之间发生小摩擦时，下列处理方法正确的是（A）。

A. 原谅同学或报告老师，让老师处理

B. 记恨在心，事后叫人一起教训对方

C. 据情节给予报复

D. 让家长到学校来教训对方

（2）在预防饮食安全方面，以下做法不妥当的是（C）。

A. 购买包装食品时，要查看有无生产日期、保质期、生产单位

B. 餐具要卫生，要有自己的专用餐具

C. 在外就餐时，选择较为便宜的、无证无照的“路边摊”

D. 养成良好的个人卫生习惯

（3）判断对错：

① 使用刀具，互相比画打闹。（×）

②用湿手触摸电器，用湿布擦拭电器。（×）

③用手或金属制品去接触插头底部。（×）

④当不慎摔倒时，身体尽量往前，保护自己的头部。（√）

⑤下雨天，在湿的地面上奔跑。（×）

⑥攀在走廊栏杆上向下看。（×）

第二模块：课间安全你我他

过渡：在校园生活中，课间安全也是非常值得探讨的，有些状况就发生在我们身边，不信你看。（小品《打闹的后果》）

（一）学生表演小品《打闹的后果》

这一天，课间休息，小吴和小杨在教室外的走廊打闹，二人一时兴起，玩起“捉人”的游戏。突然，小吴用力推了小杨一把，由于刚下过雨，走廊地板湿滑，小杨没站稳，他的右手按在了有细小裂纹的窗户玻璃上。玻璃瞬间破碎，小杨的右手被割伤，流出鲜血，小吴不知如何是好。旁边一个学生看到，迅速去找小刘老师（学生扮演）。

小刘老师迅速带小杨前往校医室，由校医老师（学生扮演）清洗伤口，用干净纱布先止血。小刘老师返回教室，疏散围观学生，保证其他学生正常上课。最后，小刘老师找到小吴和小杨，了解事情的具体情况，小吴和小杨表示意识到自己的错误。

（二）课间安全我来说

（1）小组讨论，评价这次课间事故的发生以及小吴和小杨的行为。选择代表进行发言。

（2）出示课间同学们常玩的一些危险活动的图片，如互相追逐，用笔尖等硬物相互打闹。使学生回忆自己在课间休息时存在的不安全行为，并且由学生进行评价。

（3）承接上一个活动，老师抛出问题：如果有同学在课间受伤，应该如何处理？（学生回答，老师小结）

第三模块：深化主题

（1）鼓励学生小结本课讨论的几个方面：消防安全、交通安全、游泳安全、食品安全和课间活动安全。

老师补充：哪些课间活动是危险的，哪些课间活动是安全的，以及遇到安全问题应该如何处理。

（2）希望同学们积极思考，继续小结活动中应该注意的安全问题。

【班会效果】

结合学生的实际生活开展本次班会主题活动，拉近与学生的距离，更能够引起学生的关注。部分学生参与小品的表演，不仅让表演的学生身临其境地有所感受，也带动了其他同学关注此问题的积极性，最后通过小组讨论，自由阐发观点，进而得出安全相关的建议，印象更为深刻。

【班会反思】

让学生意识到安全无小事，安全问题就在我们身边，不仅要关注自身的安全，还应该及时提醒周围的同学关注安全，并在需要的时候及时伸出援助之手，做新时代具有安全意识的好少年。

传统文化知多少

徐淑雯

【班会背景】

当代大众传媒对小学生的影响有利有弊，电视、电脑和网络游戏中的那些暴力和血腥的场面，崇尚武力、崇尚金钱的价值取向，都会对学生的人生观、价值观产生消极的影响。如今学生学的科目变多，可对传统文化的接触却在变少。偶尔涉及，也多以古文的形式出现，学生必须通过翻译才能明白其中的含义。一个国家，如果没有自己的传统文化，再怎么发展，也只能成为别人的文化附庸；一个民族，如果没有自己的民族精神，再怎么粉饰，也会是一盘散沙。

【班会目的】

（一）思想或体验感悟目标

1. 提升学生对中国传统文化的认知，孕育学生的文化底蕴。

2. 增强学生保护祖国传统文化的意识，从而激发其爱国之情。

（二）行为改变目标

通过展示有关传统文化资料和社会主义核心价值观的核心内容，旨在培养学生的爱国主义教育，诚信教育等，做一个文明、有礼的好学生。

【班会准备】

学生：搜集有关民族传统文化的资料，了解传统文化中丰富的内容。

教师：制作课件。

【班会过程】

（一）谈话导入

同学们，从古到今，中华民族创造了许多让炎黄子孙引以为豪的奇迹。从古到今，华夏大地涌现出了许许多多的艺术瑰宝。中国书法、篆刻印章、京戏脸谱、水墨山水画，让我们看到了中国传统文化的精华。

（二）深入传统

1. 提出问题：同学们，在你们的理解中，中华传统文化有哪些内容？

（1）学生谈自己的看法。

（2）PPT出示，简单介绍中国的传统文化。书法文化、思想著作、诗词文化、铸造文化、绘画作品、雕刻文化、建筑文化、民俗文化、传统美德。

（3）归纳中国传统文化的内容。

① 传承千年的传统美德：仁义礼智信，温良恭俭让，忠孝勇恭廉。教师在介绍传统美德时注意区分两个“恭”的区别，第一个是“恭敬”，第二个是“谦恭”。

② 各种形式的文化艺术：古文、诗、词、曲、赋、民族音乐、民族戏剧、曲艺、国画、书法、对联、灯谜、酒令、歇后语等。

③ 传统节日：正月初一春节（农历新年）、正月十五元宵节、四月五日清明节、五月五日端午节、七月七日七夕节、八月十五中秋节、腊月三十除夕以及各种民俗等。

（4）提出问题：我们应该如何学习传统文化，具体又应该学什么？

（5）教师：孔子曰：“人能弘道，非道弘人。”曾子说：“士不可以不弘毅，任重而道远。”然而，在这些所讲道义背后，在一桩桩英雄事迹中，始终有一个传承千年的精神内容存在，这便是民族精神。民族精神是一个民族在适应环境，改造世界的长期发展历程中，表现出来的优秀思想、高尚品格和坚定志向。民族精神是一个民族赖以生存和发展的精神支撑。

（6）教师揭示：中国传统文化是中华民族精神的外在表现形式。中华传统文化的精髓是中华民族精神。

（7）下面我们从“礼”“孝”两个方面讨论如何学习传统文化。

① 案例分析：某学校在进行了传统文化学习后，规定学生每天都要向孔

子像行礼。同学与老师见面时必须行礼，同学与同学见面也必须行礼。对这件事，同学们有什么看法？

② 学生发表自己的见解，教师引导：中国的传统礼仪中蕴含了什么样的中华民族精神？在这里我们看一下古代先贤的一些观点。

“礼者，天地之序也”“礼之用，和为贵”“礼者，敬人也”。

第一句话讲的是礼的原则：平等对等，有序有位。

第二句话讲的是礼的作用：使人的关系和谐为可贵。

第三句话讲的是礼就是要尊重他人。

中华礼仪文化的核心精神：平等对等，有序有位，尊重他人，以和为贵。

那么我们学习中国的传统礼仪，就要去挖掘这种礼仪文化所蕴含的核心精神，并将它作为我们的行为准则。这样才算真正理解中国的礼仪文化。

2. 同学们，我们怎样才能传承中华优秀传统文化？

（学生小组交流，全班汇报，教师小结）

同学们，从今天起，我们倡议：

（1）遵守纪律，文明有礼。

（2）团结友爱，乐于助人。

（3）努力学习，积极上进。

（4）班干部起好带头榜样作用，认真工作，管理班级；值日的同学认真完成值日任务。

每个人都承担起自己的责任，这就是爱。在家爱家，在学校爱学校，在班级爱班级，这样，我们都可以做到爱国。

（三）创设情境

1. 畅游文化城争当小导游

导游内容：向游客介绍新近了解到的“生活中的传统文化”。

注意事项：先小组交流，了解组内同学收集到的传统文化资料；推选一名导游，向游客做具体介绍；可以向大家展示一些文字资料、图片、照片、录音片段、节目等；游客专心聆听，可以提问，也可以补充。

评奖办法：游客民主测评，从“活动开展得好不好，成果展示得充分不充分”等方面进行评价，评出“最佳导游”“文明游客”“最新创意奖”“同心协力奖”。

2. 小组互动，民主推荐

根据综合性实践活动中的个性研究专题分组交流，充分展示各自收集到的资料，共同商议以何种方式向大家介绍，推选导游。教师深入各小组，了解情况，指导个性展示。

（四）活动小结

也许我们每个人的力量都很小，但每个人都拿出一点点力量，我们伟大的祖国所拥有的数千年传统文化才会得以传承。作为新世纪的主人，我们不仅要继承和弘扬优秀的传统文化，而且要谱写更新更美的篇章。

【班会效果】

预期效果：本堂主题班会课，按照既定目标，深入浅出地完成了教学任务。学生在班会课活动中相互分工，相互合作，提升了合作能力和表达能力，燃起了对学习传统文化的浓烈兴趣，领略了传统文化的无穷魅力。

后续活动安排：观看有关传统文化的影视作品或纪录片。

【班会反思】

传统文化是一个民族最本质、最内在精神品质的时代展现。对于正处在小学阶段的孩子来说，要想深入体会到中华传统文化的博大精深和源远流长，是有一定难度的。因此，在课前的综合性学习中，我们搜集了一些图片、故事和实物在班上展示，并且在学校图书馆借了大量关于中华传统文化方面的读物，供学生阅读和积累，为主题班会打下了一定的基础。

但本堂班会也存在很多漏洞和不足。这表现在教师精神欠饱满，激情不够；教态和各环节衔接欠缺自然；某些问题预设难度过高等。在今后教学中我仍要不断学习，提升自己的知识储备量，多站在孩子的角度思考问题。

传承红色精神，爱国永记心中

欧阳文婷

【班会背景】

热爱祖国是中华民族的优良传统，是我国各族人民生存发展、自强不息的精神支柱，是建设社会主义的巨大精神力量。一百年来，中国共产党团结带领人民接续奋斗，创造了伟大历史，建立了伟大功业，铸就了伟大精神，形成了宝贵经验。如今，垦岗小学部署“从小学党史，永远跟党走”党史主题教育，引导中小学生坚定不移听党话、跟党走，让红色基因、革命薪火代代传承。

值此，开展以“传承红色精神，爱国永记心中”为主题的班会，通过学史明理、学史增信、学史崇德、学史力行，从党的百年伟大奋斗历程中汲取努力奋进的智慧和力量，唤醒和激发学生主人公的责任感和使命感，引导学生树立共产主义远大理想和中国特色社会主义共同理想，把自己的梦想融入实现中国梦的伟大奋斗之中。

【班会目的】

1. 引导学生了解中国共产党建党初期的成长过程，旨在培养学生的爱国主义教育，增强学生的爱国情感。

2. 联系时代，通过展示社会主义核心价值观的核心内容，树立为实现中华民族伟大复兴的中国梦奋斗终生的报国之志。

【班会准备】

1. 通过学习中国共产党诞生、发展、壮大过程中丰富的案例以及中国共产党人优秀的事迹，从中领悟中国共产党的首创精神、奋斗精神、奉献精神，增强责任感、使命感和担当精神。

2. 组织学生观看图片和视频，思考发言，朗诵、诵读等。

【班会过程】

（一）视频导入，感悟祖国伟大

1. 教师播放视频，学生观看视频

天府国际机场是党领导中国人民奉献的又一杰作。在机场的首飞航班上，机场人员告白中国共产党：神鸟展翅，天府腾飞，共祝中国共产党百年华诞。

2. 教师导入

今天，我们也在这里，和同学们一起开展“传承红色精神，爱国永记心中”的主题班会，祝福党的百年华诞，激发心中的爱国热情。

（二）红色，是一种信仰

1. 一封家书承载信仰

（1）导入：高高飘扬的党旗上，最引人注目的是党培育和铸造的红色精神。问：你知道哪些革命英烈留下的家书呢？

（2）今天老师要和大家分享赵一曼的家书。

（展示图片，出示背景）

（3）学生配乐朗读赵一曼家书，思考：你从家书中读出了哪些内容？

（学生作答，教师适时点评）

（4）教师过渡：“烽火连三月，家书抵万金。”这封家书，纸短情长间有对儿女无限的牵挂，更有对民族国家的深沉大爱。请看下面的视频，让我们倾听革命先烈的心声。

（播放视频）

教师小结：当战士面对敌人的时候，我不知道他有多勇敢，但一个父亲抚摸女儿的照片时，我能想到他有多少牵挂和不舍，但没有国，哪有家！我们享受着前人用生命换来的幸福！请同学们诵读下面这段文字，致敬英雄！

（5）学生诵读：今天的生活，是你们舍命奔赴的理想！脚下的土地，是你们浴血守卫的河山！“未惜头颅新故国，甘将热血沃中华！”我辈当不忘历史，致敬英雄！

2. 一个姿势凝聚信仰

（1）教师过渡：英雄不只存在历史中，他也在我们的身边，就在我们的周围。

（2）展示图片：这幅图片，大家一定不陌生，你能说说这个事件吗？（出示2020年中印边境冲突时战士们伸手守卫祖国的背影）

（3）学生作答。

教师补充：前面是敌军重重，身后是祖国山河。一代又一代戍边战士把最美好的青春，把最宝贵的生命留在茫茫群山中，冰峰雪谷间，他们用壮举告诉世界：中国山河，寸土不让！戍边战士用热血、青春筑起巍峨的界碑，护佑着祖国山河无恙，守护着万家灯火寻常！

（4）展示图片，适时补充。在百年风雨中，有许多姿势值得我们铭记：

为开辟前进道路，董存瑞用身体作支架，高举炸药包。

长津湖，冰雕连战士在零下40摄氏度的严寒中，宁死不屈的战斗姿态。

只要人民需要，地震、洪水，人民子弟兵也绝不退缩。

汶川地震中，为保护学生，谭千秋老师张开瘦弱双臂。

疫情下，医护人员逆行抗疫前线，按下一个又一个红手印。

孟晚舟女士即使脚戴镣铐，也绝不屈服，昂着高傲的头颅，乐观而坚韧。

教师小结：无论是战乱漂泊之际，还是国家太平之时，总有人用自己的方式深深地爱着我们的祖国！没有人生来勇敢，只是国家和人民需要我！请同学们诵读下面这段文字，感恩英雄！

（5）学生诵读：从没有天生的英雄，只因心怀信仰，背负责任，才拥有了无畏的勇气。有了一群挺身而出的中国人！

3. 师生共情

（1）为什么我们的爱国壮举感天动地？为什么我们的辉煌成就举世瞩目？——因为中国人有一种红色基因，这就是伟大的红色精神！

（2）补充：“红色精神”是共产党领导中国人民在革命、建设和改革各个时期形成的伟大精神。在党的百年历史中形成了很多可歌可泣的“红色精神”。

（3）提问：同学们知道哪些红色精神？

（学生作答、互相补充）

小结：红色精神的内涵各有侧重，但核心都是爱国主义，号召我们为了国家和民族的需要不畏艰险、顽强拼搏。红色精神是共产党人砥砺奋进的精神密码，更是维系一个民族蓬勃发展的精神支柱和力量源泉。孟晚舟女士在被非法拘留1028天后回到祖国，她说正是那一抹绚丽的中国红，燃起她心中的信念之火，照亮她人生的至暗时刻，令人动容。请同学们诵读下面这段文字，感受中国红的力量。

（4）学生诵读：有五星红旗的地方，就有信念的灯塔。如果信念有颜色，那一定是中国红！

（三）百年之路，敢教日月换新天

1. 教师过渡

在中国共产党红色精神的感召下，亿万中国人民同心同向，奋勇前进，逐步实现了救国、兴国、富国、强国的奋斗目标。今天我们走在民族复兴的伟大征程上，中华民族将以更加昂扬的姿态屹立于世界民族之林。

（播放视频：《厉害了我的国》）

2. 教师引入

民族复兴离不开科技的发展。10月16日神舟十三号载人飞船发射成功。中国科技实现了从一穷二白到科技大国的跨越。但实际上，我们今天还要继续面对国际社会中的那一场场没有硝烟的战争。

3. 出示资料

2020年11月30日举办的科技创新大会上，中科院大学副院长、教授刘云，点明了我国当前的不足之处：当前我国有35项关键技术被卡脖子，如光刻机、操作系统、核心算法、扫描电镜等。其中，芯片与光刻机两项业务刻不容缓，美国已经向我国芯片产业开刀。《科技日报》也罗列了60余项中国尚未掌握的核心技术清单（35项中国被卡脖子的关键技术，见表1）。

表1

序号	技术名	序号	技术名
1	光刻机	19	高压柱塞泵
2	芯片	20	航空设计软件
3	操作系统	21	光刻胶
4	触觉传感器	22	高压共轨系统

续 表

序号	技术名	序号	技术名
5	真空蒸镀机	23	透射式电镜
6	手机射频器件	24	掘进机主轴承
7	航空发动机短仓	25	微球
8	iClip技术	26	水下连接器
9	重型燃气轮机	27	高端焊接电源
10	激光雷达	28	锂电池隔膜
11	适航标准	29	燃料电池关键材料
12	高端电容电阻	30	医学影像设备元器件
13	核心工业软件	31	数据库管理系统
14	ITO靶材	32	环氧树脂
15	核心算法	33	超精密抛光工艺
16	航空钢材	34	高强度不锈钢
17	铣刀	35	扫描电镜
18	高端轴承钢		

4. 质疑

面对不断的卡脖子，你们担心吗？

（学生发言）

小结：正是因为有中国共产党的正确的领导，有中国人民听党指挥，跟党走，团结一心，自强不息，发挥英雄的力量，先锋的作用。放眼未来，奇迹还将继续诞生。

我们学习党史，学习红色精神，不仅是为了铭记和感恩，更重要的是为了发扬党的红色精神，光大党的革命事业，从小学党史，永远跟党走。

（四）传承精神报家国

（1）坚定信仰跟党走：“天下兴亡，匹夫有责”，始终心系党和祖国伟业，坚定信念跟党走，更是青年的责任。

（2）教师提问：作为小学生，怎么传承党的精神，怎么跟党走？请谈谈你的想法，请写下关键词。（学生分享）

教师小结：有党有我有信心。

（3）我们都是追梦人：今天，党和国家的梦是实现中华民族伟大复兴的中国梦，2035年，中国基本实现了社会主义现代化，到时候同学们也成为整个社会建设的中坚力量，你的2035会是怎样的呢？你有怎样的梦想等待时间来验证？

（4）教师分享梦想，学生分享梦想。

教师小结：真高兴看到同学们的梦想，丰富而美好，我们生逢盛世，在大有可为的时代，只要把梦想和脚踏实地结合，把个人理想与历史使命同频共振，定能大有作为！同学们，希望你既有到中流击水的梦想，又有浪遏飞舟的力量，加油吧，少年，你的未来不是梦！

历史锤炼的百年大党，激励着新时代青年坚定前进的信心，努力成为堪当民族复兴重任的时代新人。请全体同学起立，让我们喊出对时代、对党、对自己的坚定誓言。

（5）齐声：从小学党史，永远跟党走。请党放心，强国有我！

教师小结：让我们铭记党史，不负时代赋予我们的使命，力学笃行，有一分热，发一分光，传承红色精神，向上有为，续写中国之伟大！

【班会效果】

通过本次“传承红色精神，爱国永记心中”主题班会，唤醒和激发学生主人公的责任感和使命感，激发学生的爱国精神，引导学生树立传承红色精神，增强爱国情感。

班会课后，学生能够树立为实现中华民族伟大复兴的中国梦奋斗终生的报国之志，把自己的梦想融入实现中国梦的伟大奋斗之中。

【班会反思】

本次班会课，为班级营造了一个良好的氛围，对学生爱国主义精神的教育，如同给予学生一片成长的土壤，让学生有目标，有追求，点燃学生心中的希望之火，引导学生未来前进的方向，凝聚了班级的力量，提升了学生的生命的质量，增加了生命的厚度与宽度，形成了强大的心理认同感。

下篇

成长故事

一年级

班主任成长故事

林裕钒

在知道自己要担任一年级的班主任时，我十分忐忑。但随着工作慢慢展开，我也慢慢适应了班主任工作的节奏。

学会拥抱

在入学礼上，我还不懂得该怎么强调纪律，是另外两位老师给我打了个样板。

一开始，我是抱着要去照顾小孩的心情去管班的，直到一些小小的细节，我才明白，学生再小，他们也是懂事的，我们要看到他们调皮捣蛋的另一面——贴心的小天使。

起初总是有学生一起冲上来要抱我。一次午休刚结束，我还在发蒙，突然几个孩子说要抱我，挤了一堆孩子过来抱我，我怕他们摔着，只能先稳住，然后让他们散开。我师傅说，小孩子在这个阶段是通过拥抱来表示自己的喜欢的。因而我也学着去抱我的学生，学生看到我愿意抱他们，他们也很开心。

我一直都觉得小孩子很需要人照顾。

一天，班上一个小姑娘凑到我身边，我以为她有什么急事，结果她只是凑到我旁边说："老师多喝点水。"我没想到她会和我说这种话。而后反应过来，和她说了一声谢谢，她给了我一个甜甜的笑容就跑着回座位了。那时候我病了相当长一段时间。在那段时间里，我们班学生经常叮嘱我多喝水。后来我好了，但是因为说话太多，水喝少了，猛地开始喝时，我们班的学生都被我吓了一跳，本来还在七嘴八舌的，立刻就安静了下来，大气都不敢出。

于是我不再觉得他们是每天蹦跳的小顽皮，而是会去看到他们每个人的闪光点和暖心处，真正学会去拥抱他们。

学会高效管理班级

我每天到班盯着，一下课就过去，但总有顾不到的时候，此时就需要班级小管家。我的师傅告诉我，要学会让学生自主管理班级，这也是培养他们的能力。但是这小管家我换了好几批人，要找到一个能以身作则，同时还能管住别人的孩子实在不容易。

一开始，我选了两个比较乖的学生，一男一女，但他们两个人的性格太软了，一旦底下的学生开始闹腾，他们俩就控不住场，我还需要去整一下纪律。

我又选了两个，同样是一女一男。他们俩就算是比较能管得住班级的，主要是女生比较凶一些，班上的学生就能被唬住，她也比较知道要怎么管、管什么，很长一段时间里，我觉得是很靠谱的。后来男生病了，我就给换了几个搭档，但是多数没办法管好自己，我就都给撤了。

一直到学期末，是之前那一对搭档里的女生和我另选的一个女生在管班，效果尚可，但是后来我发现，这个比较有气势的女生在课间基本不看班了，经常在玩，小孩子玩心重，我也觉得还好。但后来她有些骄傲了，对待同学的态度也没有那么友好，我说了之后，她还是没改。

从这个学期的尝试来看，我还有很多需要改善的地方：第一，要明确在校的行为习惯；第二，要在全班面前确立管班的学生的威信；第三，班级自主管理应落实到小组；第四，多和小管家谈心，及时发现他们的一些不当的举动，加以引导。

用爱将彼此拥抱

学生总是充满了热情，他们的感情更加纯粹、更加热烈。从他们身上我学到了很多，也明白在班级管理中，我和学生都是主体，并非我管理他们，而是我们一起建设班级。

在今后的时间里，我会更加努力，做一个更有爱的班主任。

两条短信

王宇琼

爱是教育的灵魂，没有爱就没有教育。师爱更是班主任工作永恒的主题。著名作家冰心曾经说过："有了爱，便有了一切；有了爱，才有教育的先机。"作为一名新老师及班主任，我时常告诫自己一定要有仁爱之心，把自己的温暖和情感倾注到每个学生身上，静待学生的成长。

我担任的是一年级的班主任，我知道，低年级的孩子，他们天马行空、精力充沛，就像一台永动机，永远停不下来。他们对新环境充满了好奇，对一切事物充满了热情，极具想象力和表现力。然而，我们班的一个男孩小弈似乎没有他所处年龄的特点。上课，他从不举手发言，也不回答问题或是动笔写字，时常见到他瘫在椅子上，双眼无神，像个没有灵魂的木偶。甚至有一次在上课，他瘫在椅子上，双手插兜，以一种很平常的语气说："老师，我不想活了。"我当时就很震惊，一个一年级的小孩怎么会说出这种话呢？简直不可思议！

我私下找到小弈谈话，他也是半天说不出一句话，眼神飘忽不定，好像回应我对他来说是件很困难的事。我当时就想：这孩子该不会有自闭症什么的吧？出于关心孩子，我就电访了家长，但刚接触小孩也不好随意下定论，于是我只是简单了解了下孩子在家的情况。妈妈在电话那头迟疑了会儿说："小弈在家很乖，在幼儿园也与同学相处得很好，从没有说过'我不想活了'这种话，可能是最近跟着爷爷看电视学的台词吧。"既然家长这样说，我也就觉得可能是自己多想了，小弈可能只是不适应新学校的生活，不适应自己小学生的身份。我甚至有点窃喜，小弈家长都说了没问题，而且小弈平时也不像好动的男生那样，总给我惹事，多一事不如少一事。抱着这种侥幸的心理，我不再特别关注小弈。

直到第二周第二节数学课，我正上着课，一转头看到了小弈爬上了窗户！我当时都震惊了！我立马把小弈抱了下来，并中止了上课，一节数学课就这样变成了“安全教育”课。同时，我也批评了小弈，但他似乎听不懂我在说什么，眼神回避我，嘴里呢喃着什么，整个人看起来呆呆的。我心想这怎么行，幸好窗户安装了安全网，否则这后果绝不是我能想象的。小弈一定是个“问题”小孩，他的妈妈一定对我有所隐瞒！于是我联系到小弈的爸爸，我非常激动地说到小弈今天上课爬窗户的事。电话那头的爸爸似乎对这件事一点也不感到震惊，他只是一再地跟我保证，会回家教育，不会再出现这种情况了，不停地道歉，希望我不要特别对待孩子。我内心很疑惑，家长为什么会觉得我会因为一件事就要特别针对孩子呢？我想家长一定有事瞒着我。在我的再三宽慰下，爸爸才相信了，我真的只是对事不对人，再一次道歉后结束了对话。作为一个新老师，这件事对我来说确实有点头疼，小孩没问题怎么会呆呆的，还上课中爬窗呢？我带着这个疑惑咨询了办公室的姐姐，她热心地跟我说，有些小孩有问题，家长怕老师不待见，故意隐瞒实情。听后我表示能理解，但是我要想办法解决呀，这必须要家长一起配合才行呢。正当我发愁的时候，小弈的爸爸给我发了一条短信，短信的内容是：

“王老师，您好！小弈有点轻微注意力缺陷，基础也不是很好。我们也每天都叮嘱他在学校乖乖的，上课要认真听。我们也希望通过家庭和学校的双重努力，让孩子能够达到同龄人的正常水平。但我们又怕您知道了后不喜欢他，所以一直没敢跟您说。今天的事真的很抱歉，让您费心了！”

原来如此！“注意力缺陷”，对于我来说还是个挺陌生的名词，但是在一个小孩身上所反映出的问题却是那么严重。我也希望能尽自己的一点力，让小弈能有所好转。于是我把小弈的情况和所有课任老师都说了一遍，希望课任老师上课能多留意一点，有任何情况都可以给我反馈。在我的课堂上，我会经常提问小弈，尽管他不能很好地回答出我的问题，甚至有时连问题我都要再给他重复一遍，但就是这样每节课的坚持，小弈的表现有所进步。至少大部分时候，上课做习题他已经不需要我特意再去提醒了。他的一点小进步，我都会在班上大肆表扬。他表面上还是没什么表情，不过我跟他说：“小弈，你真棒，保持住哦。”他会非常郑重且坚定地回复我“嗯！”虽然只是一个简单的“嗯”，但我知道他内心一定是喜悦的。接下来的日子，他也一直践行着这声“嗯”。每次批改他的课堂作业，我也能感受到他的进步。突然有一天，语文老师和英语老师都笑着跟我说“小弈最近有进步哦”。那是我第一次那么真切地感受到教师这个职业的成就感与幸福感。当晚我就迫不及待地和小弈的家长分享这份喜悦，爸爸在电话里连声感谢说：“接起电话前我还非常害怕，是不是小弈在学校又闯祸了。没想到您会专门打电话来表扬小弈，我们真的非常开心，谢谢您了。有什么事，您跟我们说，我们一定会全力配合。真的非常感谢您！”挂了电话不一会儿，小弈的爸爸又给我发了条短信，这次短信的内容是：

“谢谢老师，真的特别感谢老师，小弈跟刚开学那会儿比真的成长了很多。”

其实我知道，小弈的进步成长很大一部分归功于父母的用心配合。只有真正做到家校共育，父母和老师共同给予孩子充足的爱与耐心，“问题”小孩才能不再是问题。苏霍姆林斯基曾经有个十分精彩的比喻，他说：“教师要像对待荷叶上的露珠一样，小心翼翼地保护学生的心灵。晶莹透亮的露珠是美丽可爱的，却又是十分脆弱的，一不小心露珠滚落，就会破碎不复存在。学生稚嫩的心灵，就如同露珠，需要教师和家长的加倍呵护。”这种呵护就是爱。没有爱，就没有教育；没有爱，就没有学生的一切；没有爱，教师的存在也就失去了意义和价值。爱是教师职业特有的道德准则，也就是说，作为一个教师，只有真心诚意地关爱你的学生，否则“教书育人”就达不到预期的目标。

两条短信陈述着我作为一个年轻班主任的成长轨迹。我将继续践行“用爱播撒希望，用真诚对待学生”。我不能延长生命的长度，但我力求延伸生命的宽度，把自己的温暖和情感倾注到每一个学生身上，用欣赏增强学生的信心，用真心聆听童音，用慧心塑造灵魂，为我所爱的学生全力以赴。

以爱育爱共成长

吴芷勤

金秋9月，是收获的季节，而对于一位新老师来说，这却是一段播种的时光。面对一年级的“小苗苗”们，是怎样的浇灌才能让我们抵达繁花似锦的彼岸呢？我对这一切充满好奇。

初次见面，大多数的“小苗儿”安静、乖巧，可以料想，他们在以后的时光中会悄悄地拔节生长，吐露芬芳。当然，花开各异，此时也有一些令人苦恼的“苗苗”冒出尖来，考验着为人师者的爱与智慧。

班上第一个引起我关注的“苗苗”叫圆圆。圆圆高高壮壮的，在一年级的学生中显得鹤立鸡群。他喜欢躺在地上，他说因为地上凉快；他喜欢回答问题时冲到讲台，他说这样老师才能听见他的答案；他喜欢和别人一起玩，却常常以大力拍肩作为开场白，闹得同学、家长频频告状。面对圆圆的各种“大动作”，每天课间、放学，我总需要花上好多时间与他沟通，每回他都用诚恳的眼神注视着我，答应从此改正错误，然而转身却又继续闹腾。看着他这个模样，初为人师的我总是会思考，与孩子平等沟通的方式真的是有效的吗？为何不成为一个“霸权者”，当他犯错时，就以长者的姿态给出决绝的惩罚？

然而当我看见他转身帮助同学捡起散落在地上的文具时，当他看到地上一只小虫，并非想着玩闹而是充盈着怜爱之情时，我知道这样一个孩子，是“人之初，性本善”最生动的注解，他只是一个用错表达方式而容易令大家误会的孩子。所以尽管每天都要在他身上花费很多时间，我还是平和地与他分析什么是错误的行为，怎样才能做得更好。

本以为时光便如此流淌下去，但有一天下午，一个家长却直接在班级群里提了他的名字，并且以让人容易联想到“霸凌”的表达宣泄了对孩子的不满。这条信息发出之后，我陆续收到了其他家长对这个孩子的“投诉”，无一不是说他如何调皮捣蛋等行为。

面对突如其来的“风暴”，本来性格不甚好强的我，却在此刻有了莫名的力量，急忙在群里呼吁大家不要给孩子贴上标签，尤其是不好的标签，虽然孩子有一些行为不甚恰当，但他们的举动并非大人眼中那样的“罪无可恕”。古语有云：“为母则刚。”此刻我也起了护犊之心，把他们当作我的孩子，为之辩得真相。

第二天返校，我储蓄了满满的能量，打算继续奋战在孩子们的每一个调皮捣蛋的时刻。圆圆却像换了个人一样，变得异常乖巧，从那以后，他不再进行各种捣蛋行为，反倒成了班级里最配合我工作的那个孩子。

奇迹悄然间发生，所有人都感到惊诧，但这样的改变其实积聚在平时的点点滴滴之中。当爱的浇灌被感知时，原本只是冒尖的小苗才会突然茁壮成长。圆圆的改变也给我上了生动的一课：孩子内心的善良需要为师者不断地用爱去共鸣和唤醒，不需要用强硬的态度、谴责的态度对他的行为进行纠正，反而用温和的语气与他沟通商量，他也能慢慢理解老师的良苦用心。原来我以为无用的那些交流与沟通，在此刻慢慢发挥出了它潜藏的力量。

爱能播种爱，我们都在成长着。

二年级

稚嫩花苞　静待绽放

黄诚

著名的教育家苏霍姆林斯基曾说过："从我手里经过的学生成千上万，奇怪的是，给我留下深刻印象的并不是那些无可挑剔的模范生，而是别具特点、与众不同的孩子。"

恰巧这些别具特点、与众不同的孩子，就是我们老师眼中的后进生、特殊学生。教育的这种反差告诉我们，对后进生这样一个"与众不同"的特殊群体，我们老师必须正确认识他们，将浓浓的师爱洒向他们，让这些迟开的"花朵"沐浴阳光雨露，健康成长。

胖子天翔的趣事

我们班有个大胖子（个子高又胖），他现在可是我们所有老师和同学们的"开心果"。

这孩子很单纯同时也很善良，最大的优点就是爱吃。能吃的不能吃的都喜欢往嘴巴里放，因此胖已经成了他的一大特色，他的可爱之处也源于胖。每次老师们都爱逗他："翔，你肉好多哦。"他的回答就是："不是肉多，是皮多。"一句话逗得全班同学哈哈大笑，他也会跟着笑。像这样可笑的对话太多了，只要大家跟翔说话，都会很开心。

虽然他有可爱之处，但是他也有让我们老师最头疼的缺点：懒！在学习上他特别懒惰，作业经常都是今天补昨天的，明天补今天的，下个星期补上个星期的。除做作业拖拉以外，上课也不爱读，最爱插老师的话。有时我们老师动真格吓唬他：“翔，你要再不学习，就把你拉出去关起来。”而他若无其事地来一句：“老师，你确定你能拉得动我吗？”一句话，又逗得同学们笑破肚皮。他就是一个这样的孩子，什么都不在乎，天天都是那么开心。

天翔虽然在学习上还有不足，但是他给我们班带来了很多乐趣。

宝宝辉辉的故事

辉辉是我们班个子最小、心智最弱的孩子，因此我们都叫他宝宝，他也很乐意同学们这样叫他。

这孩子很挑食，上学期中午都是回家吃饭，每次他妈妈都会说道——在家吃饭不仅要喂，而且还吃很久，基本没有时间睡午觉。这学期，他妈妈就干脆让他在学校吃中餐，锻炼一下。

刚开始，他的饭菜没有一次能吃完的，很多菜他都不吃而且自理能力比较弱。作为老师，我也没有别的办法，只好坐在旁边陪他。每次我陪在他旁边时，都会哄着他吃上两三片青菜叶，有时候他不耐烦了，干脆就用手拿。我也没有说他，就这样慢慢地磨着，一个月、两个月，虽然不能像别的同学那样按时吃完，但他每天吃饭的时间缩短了。

从5月开始，他真的是有了突飞猛进的变化。有一天竟然还举手要添饭，当时我简直惊呆了。其实同学们也是看在眼里的，有的同学还窃窃私语：“哇，宝宝竟然加饭了！”午休之后，我又把这件事讲给其他同学听，同学们都竖起大拇指夸他：“宝宝越来越棒了！”可能是宝宝、宝宝叫得多了，同学们早已经把他当作宝宝一样看待。

从这件事情，我更加体会到，作为低年级的老师，耐心等待比什么都有用!

低年级的孩子就如稚嫩的含苞待放的花骨朵儿，用心呵护，就能艳丽开放!

让我欢喜让我忧

李婕媛

这是我从教的第二年，班上有个孩子我们姑且叫他小杜同学吧，是我眼中“让人时刻牵挂的孩子”，因为他少了一分“别人家的孩子”的光环，多了一些叛逆，但往往这样的学生，有时也会给老师带去不期而遇的温暖和感动。

乖孩子

一年级的时候，他还不是班上十分调皮的，但因为书写卷面和学习况状不理想，给我留下了深刻的印象。有段时间，我把他和另外一名调皮的小谢同学留下来，刚开始，他们像打满了鸡血一样充满信心，看着这两双真挚的双眼，当时我的内心别提多感动了，就像希望之火在心里燃烧，恨不得把他们抱住并夸上一句“乖孩子”，幸好当时刹住了车。没过多久，我看到他们羡慕别的孩子放学的眼神，开始心情失落，学习劲头也泄气了似的，我只好叮嘱他们回家落实学习任务，在家积极表现就不再留下来，这段留堂时光便到此作罢。但也正是这段时间，家长也意识到了对孩子管教的疏忽，有时候，手机微信联系叮嘱了家长很久，来不及一次行动上的警示。

你很重要

一年级下半年的他有段时间进步很大，现在回想起来，是因为他找到了信心，而这信心是班级红歌表演排练带来的。我们班的主题是“致敬抗疫英雄”，有四个小主角站在前面有情景表演，其中一名是小杜同学，我的内心有所顾虑。在排练的过程中，他真的很认真，因为我们反复告诉他“你很重要”，他最终也不负所望，从排练到最后的表演呈现都表现得很好。那段时间，我把小杜的舞台呈现照片拍给小杜爸爸，他很感动，这一股劲头似乎后劲也比较足，接下来这个学期小杜同学都很认真，我感动不已，自以为小杜从此越来越好了。可见，鼓励和关注产生的力量真的很大很大。

他变成了“问题学生”

升二年级后，小杜同学的表现却很令人失望，用郑老师的话就是“他好像已经开始自暴自弃、放飞自我了”。反馈给家长，也仅限于道歉。我对他软硬兼施，似乎作用都不大。

班会课上，小杜同学不会背社会主义核心价值观，孩子们开始在下面议论他，因为大部分孩子已经烂熟于心了。班会课接近尾声时，我刚好走到他身边，他小声地叫了叫我，告诉我他会背了，我先让他背给我听，再让他在全班面前背一遍。站在讲台上，小杜同学又变得结结巴巴，台下有了笑声，我一脸严肃地制止他们。虽然不熟练，但是终于背了下来。下午，我的口袋不知不觉中被偷偷塞了一张小贺卡，歪歪扭扭地写着：“老师，谢谢你不放‘气’（弃）我，我爱你，小杜同学。”满满的感动因为错别字，带给我一种哭笑不得的意味。

落下的作业，没背的课文，只能一一抓，小杜同学曾经的混日子生涯仿佛破灭了，变成了我时刻盯紧的对象，但这场“猫捉老鼠”的游戏总是令人疲惫的。期末那阵子，他开始有意识地学习，虽然“三分钟热度”，但是改变从一点点开始了。

我的成长和班上这些孩子的成长息息相关，小杜同学只是其中一员，和孩子们成长过程中的小插曲、小错误不断斗争的小故事就是我的成长故事。

单亲生，用爱守护

王 翠

一、学生基本情况

（1）上课发呆、画画，点名点3次都不知道你在叫他；不举手发言；各科学习落后。

（2）喜欢画画，与大多孩子相同，比较特别的一点是他喜欢画甲骨文。

（3）父母闹离婚，父亲角色缺位，教育孩子没有耐心，经常对孩子打骂。

（4）母亲学历高，婚姻破碎，把希望寄托在孩子身上（图1）。

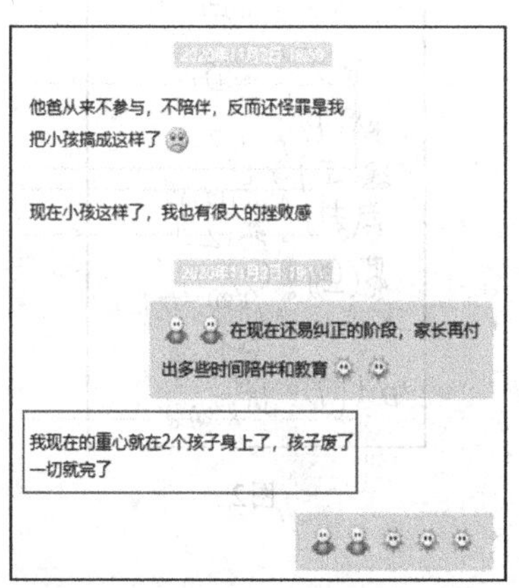

图1

二、解决措施

父亲、母亲、孩子的关系就像家庭里的三角支架，一旦某一方面缺失就会让原本稳固的家庭关系打破平衡。面对家庭的变故，年幼的孩子往往缺乏必要的心理准备，因此他们承受的打击和压力比成年人更大，或多或少会有一定的心理影响，童年就像被笼罩了一层阴霾。教师仅仅对该类孩子进行政治引导、思想教育、知识传授是远远不够的，心理辅导不能缺位，还应该关注学生的心理发展。我对这名孩子通过以下几种途径进行心理教育：

（一）心底接纳孩子

根据加德纳的多元智力理论，每个孩子都有自己的特长，教师要明白这一点，接纳上课呆滞的孩子。例如绘画甲骨文就是他的爱好和特长（学生绘画的甲骨文图案，如图2所示）。并且教师要明白，孩子的每一个改变，都是在现有基础上进行的，忽略了孩子们最近发展区的教育，想要把每一个孩子都拔高到优生的层次，这就是老师的发呆神游了。正如苏霍姆林斯基所说：没有也不可能有抽象的学生。

图2

（二）加强家校配合

我经常主动与孩子的妈妈沟通，了解孩子的家庭情况和在家的表现，这样才能更好地帮助孩子；家长遭遇婚姻问题，往往在教育子女方面也容易陷入迷茫，所以还要指导家长与孩子相处，展开心灵对话（我与家长的沟通记录，如图3所示）。

图3

（三）加强师生平等交流

因为孩子遭遇家庭问题，在爱的感受上有所缺失，所以我希望让他感受到更多的爱意。我与他妈妈商量，孩子晚十分钟放学，我和孩子一边吃零食，一边聊天。因为知道他喜欢甲骨文，所以我从他的兴趣爱好入手聊，鼓励他坚持兴趣，提高做事速度。

（四）不吝啬爱的表达

不吝啬表扬，我针对细节及时表扬：口头表扬、作业本留言表扬、给家长留言表扬。对班上孩子教育的开场白是：王老师很喜欢你，你喜不喜欢王老师呢？因为王老师喜欢你，所以王老师对你有很高的期待……我认为，教师的爱不怕让孩子知道。让孩子感受到教师的关爱，孩子也会渐渐主动地敞开心扉。

（五）营造和谐的班集体

我们二（1）班班风营造的第一点就是“团结”，所有同学互帮互助。环境对人的影响是很大的，一个和谐的环境能让人产生积极的心理作用，孟母三迁的苦心正在于此。守护家庭破裂的孩子，要让这部分孩子感受集体的力量，感受集体的关爱（团结、文明、和谐的班集体，如图4所示）。

图4

三、目前情况

（一）上课表现

上课还是会有发呆情况，但是也能做好课堂笔记，会的题目也能积极举手。他给我一个巨大惊喜：看图说话练习发言积极，讲述的故事生动完整。

（二）学习情况

学习效果提高。练习最低为C 等级，大多时候是 B–等级，现在是保持 A、A–等级，进步非常大。

（三）与人相处

与同学关系有所改善，更乐于与同学交往（孩子妈妈对孩子进步的肯定，如图5所示）。

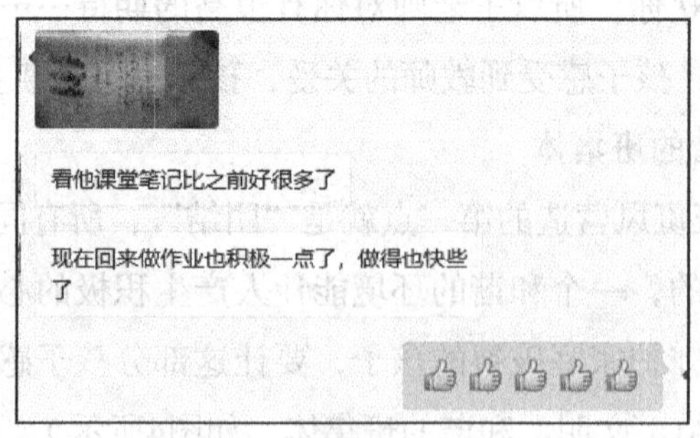

图5

最后用教育家巴特尔的一句话勉励自己："爱是一种伟大而神奇的力量，老师承载着爱的目光，哪怕仅仅是投向学生的一瞥，孩子们幼小的心灵也会感光显影，唯有用爱去帮助学生编织梦想，守护他们的人生，我们的梦想才得以升华。"

三年级

班主任成长故事

都炜煜

一、案例

记忆里的2021年4月，好像都和夜晚有关。当我从电脑后面抬起头来，看向对面巨大的落地窗外，闪烁在前海鳞次栉比的高楼间，雾气般氤氲着的灯火，在有些清冷的夜风里，美如一则谜。

4月的重庆，不像饶舌歌曲里唱得那般热火朝天，倒有些像海明威的小说，总带着一些冷清的冷静。宝安区的春招地点贴心地选在温泉酒店里，听上去就暖烘烘的。让人不由得想起川端康成的箱根之行，富士山顶的雪和路旁成熟的红叶，还有伶俐善良的伊豆舞女，是一场意外而欣喜的邂逅。

来到垦岗小学，欣喜之余，担任了三年级的班主任。初来乍到，对公办学校的一切都感觉陌生又熟悉。布置教室，绘画黑板，分发教材，一切在别的老师手上行云流水的事情到了我这里却显得笨手笨脚。好在有年级组的各位姐姐帮忙，让我顺利地完成班级工作的对接，慢慢适应自己"班主任"的新身份。

开学伊始，作为班主任，便要做好家访的工作。要知道，面对陌生的学生和家长，家访其实是一种互相的了解和考量。问什么问题，了解家庭的哪些方面，面对家长的问题应该如何解答，都有学问在里面。我也提前列好了访谈大纲，可是总觉得心里少了些底气，一筹莫展之时，幸好有经验丰富的副班主任和英语老师陪我一起，在家访中帮忙解答家长的疑惑，令我暖心。

随着相处时间的变多，对学生的了解也由最开始的单一标签化转变成了多维度的考量。犹记得班上有个男生，圆乎乎的很可爱，善良真诚，上课发言也很积极。就是和班上的同学们，特别是男生，怎么也处不好关系，经常被人欺负。上课写字很慢，经常边写边玩，完成度总是远落后于其他同学。找他谈话，他也总是笑呵呵地黏在我身边，可是转头就忘了。下课也总是跟男生扭打在一起，被打哭了嘴上还说下次要“复仇”回来。那时候的我只能“扶额”叹气。可是身为班集体的一员，帮助他融入集体、健康成长是身为班主任的我义不容辞的责任和义务。稍做思考后，我便和他的妈妈进行了深入的交谈。

正如我预料的那样，男孩的父亲因为工作繁忙，在家陪伴的时间较少。和妈妈的朝夕相处让孩子的个性里多了一分耐心和温柔，可是也缺少了一些阳刚和果断。我和男孩妈妈商量，让他利用课余时间和假期时间，多去接触和练习一些武术课程，培养性格里的韧性和“男子汉”的一面。很多时候，在校园生活和日常学习中呈现出来的行为习惯，其背后的深层原因往往与孩子自身的成长环境有关。作为班主任，改变孩子的行为习惯是一方面，帮助孩子“锤炼”品质是更为重要的另一方面。这样在面对未来成长中的无数挑战时，都能从容应对。

为了提高他的学习成绩，除了在思想上督促他、提醒他，我还特意安排一个责任心强、学习成绩好、乐于助人、耐心细致的女同学跟他同桌，目的是发挥同桌的力量。有时，这位同学也会产生一些厌烦情绪，说他不太听话，喜欢自顾自地玩，还因此有了一些小摩擦。此时，我就跟她说：“要有耐心，慢慢来。”后来，他取得进步时，除了表扬他，我还鼓励他说，这也离不开同学们的帮助，特别是这位同学的帮助。在同学们的帮助和他自己的努力下，他各方面都取得了不小的进步。他学习上更努力了，纪律上遵守了，成绩也有了很大的进步。为此，我会心地笑了。后来，有一次我找他谈话时，他说：“老师，我的同桌这样关心我、爱护我、帮助我，如果我再不努力，不就对不起她了吗？”我笑着说：“你长大了，懂事了，进步了。我真替你高兴。”

二、案例分析

作为班主任，应该做到“以生为本”，尊重和理解每一位学生。教育是心灵的艺术。我们教育学生，首先就应该和学生之间建立一座心灵相通的爱心桥梁。如果我们承认教育的对象是活生生的人，那么教育的过程便不仅仅是一种技巧的施展，而是充满了人情味的心灵交融。此外，班主任要学会以生之助，以友情感化。同学的帮助对一个学困生来说，是必不可少的，同学的力量有时胜过老师的力量。同学之间一旦建立起友谊的桥梁，他们之间就会无话不说。同学是学生的益友。在学生群体中，绝大部分学生不喜欢班主任过于直接，尤其是批评他们的时候太严肃而接受不了。因此，我让这位同学与其他同学从交朋友做起，和好同学一起坐，让他感受到同学对他的信任，感受到同学是自己的益友。让他感受到同学给自己带来的快乐，让他在快乐中学习、生活，在学习、生活中感受到无穷的快乐！通过同学的教育、感染，促进了同学间的情感交流，在学困生工作中就能达到事半功倍的效果。

在更新教育观念的今天，作为一个热爱学生的班主任，有责任让学生树立信心进而达到育人的目的。使每一位学困生都能沐浴在师生的关爱之中，成为国家的栋梁之材！

四年级

奏严与爱交响曲

黄晓玲

学校是教育的主阵地，立德树人是学校教育的根本目标。我们班主任是学校教育主体和德育主力，在立德树人教育中发挥着重要作用。班主任工作烦琐，但责任重大，从新手班主任开始，心路历程是从看不清到看清的过程。

一、爱无效

刚担任班主任的我对一切都那么迷茫，可是容不得我有一点的犹豫，因为孩子们已经迎面走来。我只能凭着印象中教师那种对学生的关爱、宽容、理解去开启班级管理。

我以温和的心态去爱护、关照、教育他们。课堂上我总是笑脸相迎，对犯错的同学也温柔以待。课间与学生玩在一起，对于他们的“冒犯”不计较。慢慢地，学生觉得我是一个特别好说话、温柔的老师，他们的胆子在变大。

有一天，我外出学习听课去了，他们像脱缰的野马，再也不“矜持”地四处撒欢儿，走廊成了他们的赛道，讲台成了他们的模仿台，扮演起“老师”。

等到我回来，就接到了各类“告状”，昨天你们班同学像炸开锅一样，你得好好管管他们！一串捣乱名单，一堆坏事摆在眼前，让我差点两眼一黑。扶了扶讲台，心想：“难道我对他们的仁慈只能换来他们的为所欲为？”

不行，我要改变教育方式，给他们点颜色看看！

二、严不利

既然一味施爱不行，那我就从严执教。

“当班主任不能太心软，要让学生怕你，他们才服管。”有位老师跟我说。

自此，上课一脸严肃，下课不再与学生笑脸相对，学生稍一犯错或表现不好，就严厉批评。他们见我、与我说话都带着小心，不主动与我搭话。学生见我变了，他们也“见风使舵”。好似一下他们都长大了、懂事了。

一段时间，我班风平浪静。违规犯错的人少了，惹老师生气的现象少了。我总算找到了他们的“软肋”，那就照这样走下去吧。

可表象掩盖不了事实。一日中午学生自由休息时，我走到教室走廊，都能听见远处班级室内打闹一片，定睛一看，有学生在你追我赶，有碰撞东西的噼啪声，有学生平躺在那一头。这哪像一个教室呀！

一次“突袭”竟呈现出这么个结果，看来我之前的窃喜只是空欢喜一场。学生只是受制于我的强压，在我面前不敢有所举动。

如此一来，严厉成了压制，越严厉，副作用越大。管理、教育不成，我反而“上当受骗”，这岂是教育的目的?

三、严有度，爱无限，严慈相济

我一点点细想，爱让我伤心，严又让我心痛，那我到底该怎么做?

阅读教育类书籍时，我就注意人家老师教育、管理学生的艺术，关注对学生心理方面的研究。与别的班主任交流时，注意他们处理问题的技巧。看教育类微信公众号时，注意案例的分析，勤于摘抄。

实践体验吸取了教训，我开始在班级管理上大刀阔斧改革。一方面狠抓常规落实，另一方面大胆放手任用班干部，实现自我管理，通过制定班级管理制度，对学生各方面做出了严格要求。

严爱结合，有弹性，讲艺术，学生“敬而亲之”。课堂上，我们有欢声笑语，也有严肃冷静；课间，我们能伙伴式地交往，也能严师式地教育；生活上，我们有嘘寒问暖，也有冷面教育。

教育的根是苦的，但其果实是甜的。在这起起落落中，我与学生一起成长，一块改变，共同进步，同享快乐。严爱是一首交响曲，不得“一枝独秀”，更要把握其中的起伏推拉。

将我心·换你心·

莫文娴

曾经听过这样的一句话："世上所有的爱都是以占有为目的的，唯独父母对孩子的爱是以分离为目的的。"未为人母但是我瞬间泪目，作为一个班主任深知老师对于孩子的爱和父母的出发点一样，从相遇、相伴再到守望的过程中反复搀扶到最终的分离放手，在爱的期盼中分离。

一、遇见，与你同行

踏入教师行业前的我其实忐忑不安，心里有过很多问号和各种心理假设自己没有达到预期的猜想，我怀着满腔热情却有很多不确定，在见习和实习的时候我便坚持与学生同吃午饭，像一个"探子"一般去观察他们的生活，倾听他们的内心，在我离开他们之前，我让我的"导师"孩子们每个人给我写了一封信，希望他们可以给我最诚实的回答和最诚恳的建议，解答我是否适合当老师，从他们各自不同的角度给我建议，如何当一名让他们都喜欢的老师。他们或是我人生的"导师"，或是班集体自信且优秀的孩子，或是班级隐秘角落默默无闻容易被忽略的孩子，或是不自信心里有委屈要倾诉的孩子，那是第一次打开这扇大门，背后有着无数种的答案，在这个时刻我才真正意识到其实我的教师生涯大门早就已经无声开启了，他们给我上了一节让我受益终身的课，也是这个时候我才明白，教育是双向的，我走上教育的道路，同时也走上了学习的旅途。

不管我做了多少次想象和预设，我现在仍记得我第一次接手班级、第一次遇见我的孩子们、第一次小心翼翼抚平衣服领子走上三尺讲台时候的心情，像蓝天上的白云般纯净的孩子们，眼睛里好像冒光一样看着我，单纯的眼神一直停留在我的身上，让我感觉自己就像耀眼的太阳。这一瞬间我便告诉自己，以后我就是这50多位孩子的太阳，要时刻保持光芒，让他们开心、幸福地在阳光下健康成长。既然遇见了，那便注定一路与孩子们同行，我既担起了他们成长的重担，也非常庆幸可以陪伴他们，把生命中的美好带给他们，共同成长！

二、相伴，心怀美好

教育，是为了遇见爱，遇见美好。在与学生相伴的三年时光里，我也曾有被折腾得有心无力、没有方向的时候，甚至很多时候自我怀疑，所以在班上我们一直流传着一句经典的名言："生活中不缺少美，而是缺少发现美的眼睛。"很多时候孩子闹矛盾、告状，甚至吵吵闹闹和我说不要当朋友绝交的时候，我就会搬出班主任"老气横秋"的口吻，念道："生活中不缺少美，而是缺少发现美的眼睛。"孩子们就会张开双手面对面说对方的优点、缺点，大多数时候他们需要的是老师一个重视他们的态度和同学读懂他们的委屈。甚至很可爱的是，有时候我批评他们的个别习惯没有做好的时候，他们会和我撒娇，活泼的孩子喊道："老师您对我们也需要发现美的眼睛噢！"这一招对我这个老班主任绝对管用，同时也化解了我们的尴尬，神奇的是以这样的方式结束批评，他们下次就会改变很多。

而我天天被提醒要发现他们的"美"，我花了很多时间去践行我们班的经典名句"生活中不缺少美，而是缺少发现美的眼睛"。班上有个孩子很善良，但是不擅长交际，经常做出一些很困扰其他同学们的行为，一开始我并没有意识到问题的严重性，但是后来有一次我发现这位孩子的另类行为越来越多，而同学们也越发不靠近他，我才知道自己用了大人的思维去看待他们之间的问题，缺少平行的眼光去处理他们的问题，后来为了帮助这位孩子交朋友并且让其他孩子去真正了解这位孩子，我和家长沟通了解后，专门用了一节课让同学们在课堂上去当"摄像机"，在这位同学亲手把巧克力一块一块真诚地递到其他同学手上时，同学们开始释怀，后来同学们鼓励这位孩子表演自己的特长，并给这位孩子鼓起了热烈的掌声，同时，这位孩子也开始愿意去倾听班上的同学们说出他身上的缺点并且承诺要改正。

经过了这次事件，发现"美"的眼睛在我们班越来越流行，班上为此建立了“班班盒子”专门收集班里同学的“真善美”小事件，孩子们都非常积极地去干这件事，我也明白了在孩子发生矛盾时要从孩子的角度去思考这件事情对他们的影响，但是在给予他们任务的时候我会告诉他们，“你们是比昨天长大了一些的小大人”。同时我还发现了一个给孩子们提意见的好办法：每个周末，我会和孩子们玩一个小游戏叫作“找呀找”，每一次我把手伸出去面向孩子们，水平方向左右挥动，当孩子大声喊“停”的时候，我就会停下“找呀找”的手臂，被我指向的同学就会站起来听我的小结，我会发挥语文老师的抒情本领，先说孩子的优点再说缺点，最终小结我最近对他的情感变化，很神奇的是每一次孩子们都抢着成为五个名额中的其中一个，虚心接受着老师的劝告和小结，而其他同学也没有表现出冒犯别人的情绪。后来我私底下问过孩子们：“为什么你们那么喜欢这个游戏？”孩子们告诉我，因为会觉得老师很关心自己，感觉自己在老师的眼睛里。原来发现美也是需要仪式感的。

三、期待，此时花盛

第一次感觉以分离为目的的爱是第一次有孩子转走的时候，那是我们班转来的一位小女孩儿，每天像月牙一样的眼睛笑眯眯地看着我，虽然有些小懒惰，但是特别聪明，有一阵子我一直在跟进她的学习情况，当看到她一点一点拔尖，感受到她愿意开始靠近我的时候，我的内心非常窃喜，心里有着无限的骄傲。至今我印象很深刻，在二年级散学礼的最后一节课，我收到家长的紧急电话，孩子要转学，我突然不知道如何应答，我转身看了一下那位小女孩，有一种谈恋爱“失恋”了一样的感觉，我有些气恼，没有时间告别，也没有给孩子准备欢送会，心里空落落的，那天全班放寒假的喜悦都被冲掉了很多，我在朋友圈、书上看过很多家长、朋友发过感慨，“他用背影告诉你：不用追”，那是我第一次以如此特殊的身份亲身领会其中的沉重。

一路相伴，有失去也有收获，有难过也有喜悦，我们班有一个非常帅气的小孩子，不怎么爱学习，作业几乎天天拖欠，家长和老师都很头疼，但是非常热衷于帮忙管理班级，每一月我和他约定好一个小目标，当我们在培养每天要带作业来学校的习惯时，突然有一天他把在讲台上趴着午休的我摇醒，叫我帮他改他刚刚补好的作业，我瞬间被感动了，不知道是出于孩子出乎意料的表现还是对自己的付出有回报的过分喜悦，我第一次流下了眼泪，我摸了摸他的头，把这个消息和家长分享了，相信那时候我们的心情都是一样的。

我很高兴我和他们一起在成长，不拒绝成长，拥抱成长，一直当他们的“太阳”，我用阳光照亮他们的内心。最近玩《答案之书》的时候，有一位比较害羞的女生每次都是问我同一个问题，“莫老师会永远当我们的班主任吗？”单纯的话语让我暖心又感动，同时也提醒我有一天会和他们分开，但是我希望孩子们明白：老师对你们的爱从来都不会消失，老师会陪伴你们成长，也会一直给你们最好的祝福；老师会包容你们的错误，也会用心记住你们身上的闪光点；老师会分享你们的幸福喜乐，也会分担你们的悲伤难过。期待你们，此时花盛，一路绽放！

师德师风建设如火如荼，我愿意坚守在岗位，顺应新时代师德师风建设的时代潮流，回归最朴实的师德内涵，坚守最实在的“爱岗敬业”，用爱换取爱，用尊重赢来尊重，将我心换你心！

静待花开，聆听绽放

曾书婷

教育是爱的事业，教育也是静待花开的事业。有人说：“花开是美的，等待花开会更美！”作为育人的园丁，我们每天都在演绎着这样平凡的故事，但不平凡的是我们从中获得了一份教育的智慧，自信与从容。

我担任的是四年级的班主任。我与这个班级的孩子邂逅是从他们一年级入学开始，至今已第四年。回想一年级时，我知道，低年级的孩子，极富想象力和表现力，小脑瓜里常装着千百个千奇百怪的小问题来向你提问，课堂上也十分积极，常高举着小手，抢着回答问题。然而我们班的一个男孩亿龙似乎没有他所处年龄的特点，他从不提问，也不回答问题。在我提问时，还悄悄地把身子缩得低些。

亿龙安静，遵守纪律，是个乖孩子，可却比那些调皮捣蛋的熊孩子更难引导。他写的字特别小，总躲在田字格的角落里，写拼音时，只用四线三格里的中间一格。不管我怎么教，他只抿着嘴，看着我，下次依旧故我。为了提高他学习的积极性，我特意挑简单的问题让他回答，他依旧只抿着嘴，看着我。有时，他没完成家庭作业，我耐着性子询问原因，他还是只抿着嘴，看着我。

一个9岁的小男孩如此固执，对我的善意毫不领情。我觉得孩子性格的形成与家庭有着密不可分的关系，应该请家长共同教育。几次联系亿龙的家长，都是亿龙的爷爷接电话，每次都敷衍地回应我。我只能从其他老师的口中得知，亿龙父母离异，家中只有因工作忙碌而早出晚归的爸爸在照顾他。估计是家庭的原因使这小男孩心中筑起了防护墙。苏霍姆林斯基说：“尽可能深入地了解每个孩子的精神世界，是教师的首条金科玉律。”可是我完全无法走进小亿龙的世界，也得不到家长的配合。我沮丧地想：“或许我真的无法让每朵花儿都开放。”

就在我犹豫着是否放弃这朵小花时，发生了一件事。

亿龙爬操场上的栏杆把小腿划伤了。平时，我一再向孩子们强调，不可以去爬栏杆。这小男孩不调皮则已，一调皮则搞得自己头破血流的。我是又急又气又心疼，边联系家长边给他检查伤口，问他疼不疼。亿龙眼眶都没红，只是无辜地看着我，小声说：“刚才疼，现在不疼了。”一瞬间，我的气全没了。要知道若是一般的孩子，早该号啕大哭了。

第二天，亿龙和他爸爸来办公室找我。原来爸爸不放心带着伤来学校的儿子，特地来交代老师多照看些，也认真询问亿龙在学校的情况，上课认真吗？作业有完成吗？和同学相处得好吗？……我看了下不远处的亿龙，他的头垂得低低的，两只手紧紧地握在一起。心想：看来亿龙的爸爸并不知道儿子在学校的情况，或许他的爸爸便是打开他心门的钥匙。于是我大声地对他爸爸说：“亿龙上课很积极，字写得端正，和同学也相处得很好。”在说这句话的时候，我用眼角的余光看到亿龙抬起头惊讶地看着我，那一刻他的眼睛里终于有了别样的光彩。

在这之后，亿龙的作业总是按时完成。他的字、拼音写得不好，我也不说教了，直接在旁边写个正确的，看着他改正。渐渐地，我发现他的字、拼音都能写规范了，偶尔错了也能及时改正。课堂上他也不再缩着身子了，开始是跟着全班一起回答，然后是跟着小组成员一起回答，再然后当我叫他的时候，他能不犹豫地、小声地回答我的问题了。慢慢地我发现，他的脸上开始有了属于他年龄的笑容，也能和其他同学玩在一起了，有时甚至还会来报告班里发生的小事，看着那认真的小脸，充满了对我的信任，我清楚地听到了花开的声音。

诗人济慈说：“一个人，看着一朵花儿慢慢地开放，是自己一生最大的幸福。”作为一名侍花的园丁，我真希望我与学生的每一次交流都能起到立竿见影的效果，但我更懂得成长需要等待，而学生的成长恰恰是我们的收获，让花儿滋养我们的生命，晚一些又何妨？

五年级

我的成长故事

邓佳敏

“教师是太阳底下最光辉的职业。”著名的捷克教育家夸美纽斯曾经这样说过，而加里宁也说过这样一句话“教师是人类灵魂的工程师”。我们从小接受过的教育以及世人几乎所有的观点都指明教师是一个多么神圣而光荣的职业，正义、善良、耐心、温柔、博学、智慧，说到老师似乎总是离不开这些词汇。在我眼中也是如此，于是怀着远大的教育抱负与憧憬，我如愿当上了教师。

在日复一日的烦琐中，日子很快过去。有一次，我的妹妹来学校看我，正值放学时间，我刚好留了两个调皮捣蛋、没按时完成课堂作业的孩子下来。在和妹妹匆匆讨论完晚餐问题后，我走进教室转向那两个学生，开启我习以为常的狂暴法教育模式。语重心长地教育一番之后，我走出教室，这时，只见她站在门口，一脸震惊，脸上写着“不可思议”四个字。她问我：“你怎么能那么凶？”我说：“还好吧。”她说：“真的很凶啊，我都被吓到了。”我义正词严地说：“很多老师都这样的啊，不凶不行啊。”她马上反驳我：“我以为老师都是很有耐心、很温柔的，为什么不可以慢慢跟他们讲啊？”顿时，我不知道该怎么回答她。

突然回想过去的课堂，是的，毫无疑问我变得更凶了，大部分孩子因此都会听话，但同时我也多了一些急躁和霸道。每一次在真的生气发了一通火之后，都似乎有些“心肌梗塞”的感觉，但孩子们还是眨着他们那可爱无辜的大眼睛，似乎并不能理解我为什么那么生气。除此之外，初来乍到时我不知道怎么做班主任，情急之下便用了大多数人都会用的“制定规则，奖励与惩罚”的办法，从表面来看，这的确能镇住二年级的孩子，在发小红花和礼物的时候，他们欢欣雀跃。但是慢慢地，我觉得好像有点不对劲，我不禁问自己：这样做，对他们的成长真的好吗？等到高年级他们渐渐不为“礼物”所屈服时，我又该怎么做？春节期间，有一部非常火爆的电影《疯狂的外星人》，片中反复提到一个理论——“巴甫洛夫理论”，这是绝大部分人训练动物时会运用的原理，这样看来我们平常实行的奖惩制度是不是算是巴甫洛夫理论的升级版呢？教育真的可以应用巴甫洛夫理论吗？

后来读了一些书，看了一些老师的做法，我渐渐发现：

要让学生参与专注地解决问题，而不是成为惩罚和奖励的被动接受者，惩罚和奖励对于长期的行为改变没有效果，要改变孩子们的行为必须处理其背后的信念。因此当孩子们犯错误时，我们要理解其行为背后的信念。

首先我们自己就得学会把错误看作一个让人兴奋的学习机会。让孩子认识到犯了错之后，得到的不是自己的懊悔和老师的斥责，而是从错误中得到了哪些收获。在书中，作者给我们提供了一条行之有效的方法——用启发性的问题引导犯错的孩子。

有一段时间我很为班级里的卫生头疼，每次一走进教室总能看到满地的纸屑和歪歪扭扭的桌椅，让人心烦。一次我走进教室时，刚好看到一名男生肆无忌惮地在向另一个人扔纸团，纸团没扔中掉到了地上，可是无人理会——原来这就是班级地上长期有纸团纸屑的一大原因啊！我非常气愤，准备叫那名男生站上来的时候，突然想到听过的一个方法。我走到讲台上，故作愁态，叹了一口气，孩子们诧异地望着我，我难过地说：“邓老师今天很不开心。”停顿了一下，我问，“你们知道为什么吗？”孩子们摇摇头，我接着说，“因为我今天路过下面的时候看到我们班的卫生被扣了3分，我很难过，我觉得我们班孩子明明都很爱护卫生的，怎么会被扣分呢？”我走到那个男生旁边，我问，“你觉得为什么我们班会被扣分呢？”他沉默了两秒，小声地说：“因为有垃圾。”我问：“那你有扔么？”他点了点头。我又转而对全班说，“被值日生扣分并不可怕，但班级环境是大家共同的学习环境，地方不大，就这么点，爱护教室的卫生是每一个同学的责任。”接着，我问那个男生，“现在对解决这个问题你有什么想法呢？”“以后不扔了。”“如果看到地上有垃圾呢？”“要捡起来扔掉。”他坚定地说。从他说的语气里我能感觉到，这样的方式比单纯的“骂人”或者“惩罚”要管用得多。

随后，我把那个男生请到前面，捡起了地上的纸团，让他对着纸团跟着我说“我以后不会随便扔你了，不能扔到地上，更不能扔到同学的身上”，他小声地重复了一遍。我又让他对地板做出承诺：“我不应该把你弄乱弄脏，以后，我会让你有一张漂亮的脸的。”他认真地说。班里静悄悄地，我叮嘱他要记住自己的承诺，他点了点头。我不知道这样做有没有效果，但从此以后在地上，我再没看到过大的纸团。这对我来说是个巨大的启发。尽管这对于班级管理来说是一件小事，但这让我发现，有时共情和运用启发式的问题不仅不会让自己“心肌梗塞”，而且能让学生记住这一课。当然这已经是几年前的事了，当时孩子们才二年级，高年级可能又得换一套方法。

除此以外，还有一点也很重要：孩子的每个行为都是为了寻求价值感与归属感。冰山效应赤裸裸地告诉我们，看不到的孩子的归属感和自我价值感恰是他们最需要的。

我们班有个默默无闻的孩子，比较豪放，从来不注意形象，红领巾要不然不戴，要不然永远歪着，衣服皱巴巴，从来不塞进裤子里去。有一段时间，他经常忘戴红领巾，恰逢当时“好少年行动”刚刚开展，班级评价表中有一条“衣服鞋子需要穿干净整齐”我需要找人监督执行。这时我想到了他。在班里宣布这个决定时，他一脸不可思议，两眼放光，接着便挺起了小肚子，整堂课坐得端端正正。而后每一天他都是穿得最整齐干净的那个。每一天早操，他都最早走出班级，非常仔细地提醒每一个孩子把衣服塞进裤子里，检查红领巾戴得怎么样，替我省了很多事。这时我才发现，原来他这么能干而且有责任心！这方面的自信提升了之后，他的课堂表现也越来越亮眼，让人欣喜。

这件事让我想起了我的小学时光，一年级到三年级一直文静乖巧、默默无闻的我是班里最不起眼的那一个，直到有一次，我的习作被我的语文老师黄老师当众表扬，还被当作范文一个字一个字念出来，我只记得当时我低着头，一脸通红，窗外鼓号队训练的声音和黄老师的声音交杂在一起，我的脑袋只剩下“嗡嗡嗡”的轰鸣声。那一次之后，我的语文成绩一直都排在班级前列，其他课成绩也进步得很快，还当上了学习委员，不得不说，黄老师的这一个简单平常的表扬影响了我很多，原来鼓励和肯定对一个人的正面力量可以那么大，如今我也身体力行，希望像黄老师一样用我的鼓励让我们班的孩子越来越自信。

“路漫漫其修远兮”，日复一日的烦琐和从新手出发的成长中的强烈不安很容易让我忘记教育的初心，习惯于做那个急不可耐、发号施令的权威。我常常跟学生们说，要养成好的习惯不在一朝一夕，需要坚持努力，那对于我自己来说，养成正面管教的习惯也是如此，不仅需要勤思考，更需要实践和练习。“吾日三省吾身”，今天你鼓励人了吗？今天你和善而坚定了吗？今天你专注于让他们解决问题了吗？当然也要时常鼓励自己：中华人民共和国的班主任是不会轻易认输的！

事事都需要耐心和智慧，“吾将上下而求索”，即使无法一下子转变，但我会朝着那个“和善而坚定”的方向努力，多提升自己，不要沦落在日复一日的烦琐中，习惯了权威而忘记教育的初心。

博观而约取，厚积而薄发

张夏青

班级管理，每个班主任都有自己的独特之处，有老师“严”字当头，有老师“爱”在心中，而有的人软硬兼施，方法用尽。但不管何种方法，只要运用操作得当，回报必然丰厚。作为一名进入教师行业年份尚浅的班主任，四年多来，我逐渐从刚入职时的无所适从转变为一名工作经验较为丰富的班主任，已经能够独立冷静地处理班级中的各项事务，这与身边领导、同事的帮助是分不开的。

进入垦小后，我已接手了两个画风不同的班级。把每一个班级培养成为一个积极向上的班集体，使每个学生德、智、体、美、劳等方面都得到充分发展，这是我的愿望，也是所有科任教师的愿望。以下是我担任班主任工作以来的一些做法和体会。

一、凡事“亲”力亲为，新手“勤”能补拙

“亲”就是班主任对学生的态度和蔼可亲。一个好的班主任，她不会动辄发怒，而会耐心地给予教育和引导；当学生有异常表现或行为时，她能观察入微，及时地与学生谈心并帮助解决问题；当学生遭受挫折时，她能“扶”起学生，鼓励其树立坚定的意志和信心。学生只有感受到班主任的关爱，才会向班主任倾吐自己的心事，特别是班中的“后进生”，他们最容易产生自卑感，班主任若给他们更多的关心、更多的信任，必然会点燃他们奋发向上的火花。前后接手的两个班级班上的中层生均占到了班级人数的30%左右，这部分学生代表着沉默的大多数，他们很少主动与老师交流，天然地对班主任有一种畏惧

感，但其实只要班主任能主动沟通，会发现孩子的学习积极性会发生巨大的变化，而且性格也会变得开朗许多，拿我班上的“小刘”同学举例，四年级一整个学年他见到我也很少打招呼，平时上课经常低着头，也很少见到他下课后和同学打成一片。直到有一次换座位，他被轮换到最后面，家长与我联系说，孩子回家哭了认为老师要放弃他，我及时地与“小刘”对话，解开了他的心结，并鼓励他主动与老师交流。第二天上课时，发现他一直跟随着我的节奏，听得很认真，对学习语文的兴趣有了很大的提升，随后的两年他的转变是巨大的，六年级毕业时已经是一名性格沉静积极进取的学生了。

“勤”即工作要勤恳。班主任要带好几十个学生，就必须兢兢业业，尽职尽责，主要应做到“五勤”，即勤观察、勤动脑、勤动手、勤家访、勤谈心。勤观察指的是不论上课或下课，注意观察学生细微的变化，掌握他们思想的动向。勤动脑指的是学生出现的问题千变万化，要根据学生的年龄、性格、同学关系、家庭状况等各方面的因素，找出一个适合于这个学生的方法，因材施教，使他不至于在学习和思想上掉队。勤动手指的是学生在具体工作中，不会或做得不好的时候，老师要手把手地教学生，帮助他们干好每一项工作，让他们从不会到会。例如四年级时，我发现学生一到大扫除就乱成一团，叽叽喳喳不知所谓，于是我手把手开始进行分类，把学生按照分工分成不同的小组，负责不同的任务，拖地时我拿着水桶教他们怎么洗地，和学生一起劳动是辛苦的，但一起完成一项任务，那种满满的收获感是很令人感动的。勤家访指的是经常和家长取得联系，了解学生在家的表现，向家长通报学生在校的表现，这要花去老师很多时间，却能帮助学生更好地学习，这一点是我从身边的班主任身上学到的，我发现同年级办公室的一位老师经常在批改作业时遇到有问题的作业会实时发微信与家长沟通，了解学生近期的状态。勤谈心指的是平时多与学生交流，把学生当朋友，推心置腹地与学生谈话，谈谈自己的想法，倾听他们的意见，不断改进自己的工作方法。

二、“严格”与“尊重”并重，“特殊”与“公平”齐举

俗话说“严是爱，宠是害，不教不导要变坏”。我接手的第一个班，班上有不少过于调皮的学生，恶习难改，“大错不犯，小错不断”且屡教不改的不乏其人。刚开始，在教育转化他们的时候，我也曾有过失败的教训。过去，

我对此类问题学生处理时常板着一副面孔，严加管教，结果学生表面上对我产生敬畏感和服从感，其实，并不是心悦诚服地接受我的教育和管理。甚至严重时，班上的男女生发生了对立现象，男生抱团儿认为班主任偏心女生，女生也不甘示弱觉得男生总给班级丢脸，火药味十足。于是我吸取教训，改变了策略，既严格要求，也给予尊重，私底下找男生中的“刺头”以平和的语气聊天，一次谈心不够，就谈两次，两次不够，就谈十次，和家长实时沟通，反馈他们在学校的日常表现。直至改正并取得立竿见影的效果。

当我们用一套班规公平公正地要求所有学生时，会发现并没有那么容易，总会有人打破规则，挑战班主任的权威，对这种情况班主任要压下火气，冷静对待。一味地批评只会让这类学生更反感老师。我教过的特殊学生不少，有多动症的学生、撒谎成瘾的学生、无视老师指令的学生、喜欢欺负女生的学生等，对待问题学生只能以安抚为先，考虑到他们特殊的情况和家庭背景进行针对化的谈心，有选择地改造他们。有人可能会说，“哪个班级没有问题学生？”“没有问题学生，要班主任还有什么用？”其实，一个问题学生就是一个案例，一个问题学生就是一块试验田；转化一名问题学生自己就获得了丰富的收获，班主任水平就上了一个台阶；改变一个问题学生就给一个家庭以希望。

在平时的班级管理过程中，对学生的教育，既要严格要求，又要给予最大的尊重。坚持，太难！但，我愿意尝试！

三、闻道溪阴山水好，师行一一遍经过

俗话说，打铁先要自身硬，班主任的言行有如钟声，直接影响一大批人，所以作为班主任老师，要处处严格要求自己，表里如一。

学生是否信服你，关键是看你能不能说到做到，言行一致。教育者应力求用高尚的品德感染人，顽强的毅力启迪人，崇高的精神鼓舞人。事实证明，这种“润物细无声”的方式能够起到潜移默化的作用。例如，要求学生不迟到，教师首先就应该早到；要求学生上课认真听讲，教师就应不断地提高教学水平，使课堂活而不乱，能真正吸引住学生的注意力。在语文课堂上，我尽量把这门课程的视野扩大，拓展许多学生不知道的内容。例如，学习陆游的《示儿》，我用辅导课时间给孩子们看《南宋》纪录片，让他们了解“靖康之变”

的历史背景，学习纳兰性德的《长相思》时，我拓展了许多词人的生平和经历，“人生若只如初见，何事秋风悲画扇”的遗憾，“一生一代一双人，天为谁春”的执着，年轻词人的苍凉心事尽付笔下，学生被词人的魅力感动，也对语文背后的广阔世界有更浓厚的兴趣。

四、表扬要及时，联系要策略

每位家长都希望我们关注自己的孩子，而我们通常联系家长主要的原因就是孩子犯了错，这样家长一看到我们的信息或电话就发牢骚。一个是自己最疼爱的孩子，一个是管教孩子的老师，怎么办呢，只能是当着老师的面来批评孩子，背着老师的面来指责老师，这也值得我们思考，因为他们接到的信息都是自己不愿意看到和听到的信息。我们班有个男孩，午餐午休不睡觉下座位聊天、课上听讲也总是走神发呆、作业漏题空题现象很多，学期末复习时，我发现他听得还很认真，我就主动和他妈妈沟通了一下，一句批评都没有，很诚恳地表扬他，并希望家长把我的表扬告诉孩子，家长很高兴，感谢老师对孩子的关注。孩子听了出乎意料地高兴，因为他没有想到，他今天的表现会得到老师这么大的表扬。在以后的几天里，他上课时都特别认真，家庭作业进步也很大，一看就知道得到了家长的帮助。看来我们把表扬作为与家长联系和沟通的一种方式也很重要。

作为青年教师，我在班主任管理方面还有很长的路要走，博观而约取，厚积而薄发，我会在日常工作中虚心请教，留心观察，积累经验，提升班级管理能力。班主任工作是平凡而烦琐的工作，让我们在实践中去探索行之有效的工作方法，使班级管理工作更上新台阶。

点点星光　汇聚灿烂银河

——论新手班主任的成长之路

温 馨

“我是一个身患阿兹海默症的耄耋老者，是一个旅居海外的华人教授，更是一所乡村小学唯一的老师，那一年，记忆之门让我回到那间村小，我清晰地看到那个孩子画了梦想中的学校，一幅黑白的水墨画，我急呀，急着去为他的梦想涂上色彩，可惜呀，雨太大……路太远……但是，希望的种子已经悄悄生长，发芽，开花。”这是《我和我的家乡》电影中《最后一课》单元中的故事，让同样作为教师、班主任的我深深震撼，我希望自己如点点星光，守护孩子们梦想的星空，也希望每个孩子可以在有温度的班集体中，与我共同成长，汇聚灿烂银河。在这个过程中，我也在体会着作为一名新手班主任的心路历程。

一、点亮逐梦之路，做有目标的追梦人

2019年9月1日，今天是我从校园毕业，又从校园开始的日子。我怀着忐忑的心情来迎接一年级的萌娃们，为他们上好开学第一课。面对犹如一张白纸的他们，首先我问了一个问题：“如果你长大了，要做些什么呢？”一些答案在我意料当中，“科学家、宇航员、医生……”一声声稚嫩之音在课堂中响起，突然有一个梳着马尾辫的女孩子站起来，盯着我的眼睛，用骄傲的神情，坚定的语气对我说：“老师，我想用画笔画出一整个世界。”那一刻，我的心触动了一下，久久不能平静。

深圳小学一、二年级在5月18日复课，为了更好地迎接孩子们的到来，我

准备了一堂“复学第一课”的班会。一场突如其来的疫情，打乱了所有人的节奏，包括一年级孩子们认识世界的方式、学习的方式。网课成为一种“必需品”。面对孩子们上网课自控能力弱的问题，身为班主任的我设置了一个“完成计划之星”的评比活动，主要内容是让学生在家长的帮助下主动制订计划，然后自觉完成每日计划，如果做到就会得到我专属奖励的“完成计划之星”，每周我都会在班会课上设立“颁奖环节”对完成的同学颁发奖状，并且还会把孩子们在家帮助妈妈做饭，自己熟练地叠被子、认真打扫各个角落的卫生、和爸爸妈妈一起打羽毛球做运动、用心地浇灌植物等孩子们在家做的“小确幸”制作成影片来展示给孩子们看，让孩子们能够互相学习和进步，通过这样的一次一次的交流和互动，我与孩子们的心更近了，而孩子们也能在一次次完成计划中学会自律，学会管理自己的时间。深夜，一个人坐在电脑前聆听每个孩子的“小确幸”，一阵阵感动涌向心头：一年级的孩子们，当世界以为他们还没有长大的时候，他们已经用稚嫩的肩膀去撑起了自己的天空，当我们把一年级的孩子和“熊孩子”挂上钩的时候，殊不知，他们却用充满童趣的方式展示着对这个世界的独特理解。在这一点一滴的感动中，我更加肯定“树立目标”对于孩子们的意义。

王国维在《人间词话》中谈到要成就一番事业必须要经历“三重境界”，第一重境界就是“昨夜西风凋碧树。独上高楼，望尽天涯路”。作为一个新手班主任，这是必须要经历的过程，也在时刻提醒着我“不忘初心，方得始终”。记得毕业的那天与校训碑的留影纪念，时刻提醒自己“学为人师，行为世范”。我不仅要成为一个有目标的时代追梦者，也要让孩子们从小树立目标意识，为自己的梦想不断努力。除此之外，孩子们的学校生活是以班级为单位的，作为“小型社会”中的一员，他们要学会共情，组建一个有温度的班集体。

二、点醒共情之心，做有温度的班集体

2019年11月10日，今天的我是崩溃的，是沮丧的，面对无法发声的嗓子，医生和我进行了如下的对话，医生：“必须保持声休，能不说就不说。”我：“怎么可能呀。”医生：“安排做声带手术吧……”听到最后一句的时候，我的脑袋是空的，不敢相信自己的嗓子已经严重到如此程度，更不敢相信自己仅

仅工作两个月就会出现如此大的问题。走在回学校的路上，泪水模糊了双眼，我不知道如何面对孩子们，到达班级的时候，我在门口踟蹰。正在这个时候，教室里突然响起了此起彼伏的喊声："温老师，回来啦……"我当时火冒三丈，以为他们又乱作一团，结果让我震惊的事情发生了。我刚一进门，孩子们就一下子抱住了我，其中一个孩子把一个保温杯高举头顶，打开一看竟然是还热乎乎的枇杷雪梨羹。原来在我请假去医院的时间里，其他老师告诉了孩子们我的情况。后面上课的时候，孩子们似乎和我形成了一种默契，当我做出一个手势时，他们就马上执行一个动作，此时的教室"无声胜有声"。恍惚间，感觉他们已经成为一个个"大朋友"。

2020年10月14日，接手新班级的第二个月零14天。低年级到高年级的转变，对于我来说是一个不小的挑战，一方面孩子们要在短时间内接受一个新的班主任，他们心理可能会有所排斥，另一方面仅有一年一年级班主任经验的我对于管理四年级学生来说，还是有些棘手的。于是矛盾与问题在今天集中爆发了，由于今天课堂上的纪律很差，有的同学在临近下课的时候和旁边的同学说起话，还有个别同学跟着起哄，影响了全班同学的学习氛围……霎时，一股心酸之情涌上心头，全心全意为学生付出的心血付诸东流，中途接班的艰难未被理解……我严厉地批评了孩子们的课堂行为，言语间吐露出自己的内心感受，不知不觉有些哽咽……

中午在班上看午餐午休，一个小女孩轻轻地走上讲台放了一张小纸条，上面写道："老师，我们错了，我们不该让您生气，请您不要伤心了。"看到这张暖心的纸条，我顿时泪流满面。那一刻我似乎懂得了哲学家雅思贝尔斯所说："教育就是一棵树摇动另一棵树，一朵云推动另一朵云，一个灵魂唤醒另一个灵魂。"我们的教育是让孩子们能够真正地懂得道理，并且从内心去承认自己的错误，这样才能获得新的成长。而在这个过程中与老师的心的距离就是孩子们真正由自觉走向自主的距离，孩子们在学校里要学会的不仅仅是成为更好的自己，也要成为一个更好的他者，一个更好的班集体中的一员，而这个班集体是一个充满爱意、理解、平等和尊重的"家"。从孩子们的纸条中，我感受到一个有温度的集体正在形成，这一刻我的心也在融化，我想我被孩子们接受了，从而真正地融入这个"家"中。

王国维在《人间词话》中谈到要成就一番事业必须要经历的第二重境界就

是“衣带渐宽终不悔，为伊消得人憔悴”。第一年做班主任的我，遇到了身体的挑战。作为“二手接班”的班主任来说，我遇到了信任危机、权威的挑战。我相信在前行的路上，我还会遇到很多的困难，无数的困境，但“千磨万击还坚劲，任尔东西南北风”。我相信在勇攀教育高峰的过程中，我会收获更多的成长。

三、点起希望之光，做有成长的班主任

加入教师队伍，仅仅10天，便迎来了人生的第一个教师节，因为开学一系列的棘手的事情，让我对自己的教师之路有了一些迷茫和彷徨，甚至产生了逃避的想法，尤其对于自己是否适合当班主任，是否能够当好，产生了质疑，所以对庆祝节日活动没有多大的兴趣。没有想到在走进教室的时候，孩子们纷纷向我表达了节日的祝福。其中有一个小男孩送给我一张图画，一打开，我被惊喜到了，他画了我的样子。我对他说：“谢谢你，你的画很棒，老师很喜欢，表扬你哦。”“老师，我也要夸一夸你，我好喜欢上语文课呀，我喜欢和你说话，我好喜欢你！”孩子稚嫩的童声响彻在我的心底，那一刻我被孩子最真挚的认同治愈，那一刻也让我明白，教育中的赏识是多么重要，每个孩子和每个大人都是一个希望，在相互给予中，我们一起成长。

我的第二个教师节，白天的时候收到了来自两个班的孩子们给我的祝福鲜花和卡片，没有想到在傍晚的时候，一年级的家委给我打电话，说是要给我一个惊喜。50个孩子，每个孩子都为我录制了祝福的视频，并且送给我一首歌。而且惊喜还不止如此，当我晚上回到家里的时候，收到了一条短信。上面写道：“昨天晚上我和孩子一起写了一首小诗送给您。题目叫作《温老师，我想你了》，祝您节日快乐！”读着读着，泪水已经模糊了双眼，想起了这个孩子刚刚来到班级里的时候，非常胆小，不敢回答问题，身体也比较虚弱，于是每次有活动的时候都会让她到讲台上来展现自我，慢慢地，孩子心扉被打开了，她越来越敢于表达自己。看着孩子的成长，我也会慢慢地反思自己，有时候作为教师，我们需要更多的耐心去静等花开。

王国维在《人间词话》中谈到要成就一番事业必须要经历的第三重境界就是“众里寻他千百度，蓦然回首，那人却在，灯火阑珊处”。我想对于如何做一名优秀教师、班主任需要我用一生去学习和摸索。科幻作家阿瑟·克拉克在

墓志铭上刻着一句话“我永远都没有长大，但我永远都没有停止生长”。我希望每天的自己都是有“生长力”的，每天都可以有新的东西给到孩子们，能够在与孩子的互动过程中，逐步改进我的教育方法。

未来就在脚下，作为一名任职时间不到两年的班主任，我仍旧会遇到很大的挑战，每天在平凡琐碎的生活中进行一场盛大的“修行”，因为我们面对的教育对象是变化中的人，我们始终要用变化的眼光去面对他们，希望以我的“点点微光”点亮孩子们心中的星光，闪耀每个人生舞台；希望更多的闪亮之星，发展成一个独立自主之人，一个人格完善之人，一个对社会有用之人，从而汇聚成灿烂银河，我相信这是教育最淳朴的本质，也是德育最重要的目标。为此，我愿意去奋斗终生，我始终相信这样一句话：“微光会吸引微光，微光会照亮微光，然后一起发光，这种光才能照亮前行的教育之路，遇见更好的我们。”

你好，我是“差生”

余 锦

那天中午，我接到了一位家长的电话——如果要形容准确些，那是一位所谓“差生”的妈妈。

这位家长断断续续说了两句，就开始细声哽咽。

“余老师，我的孩子真的太辛苦了……她能够这样坚强，都令我佩服，又令我心痛极了！”

很快，我从家长口中得知了事情的全貌。

上午课间，孩子们都围坐在一起讨论题目，谈得很投入。她女儿静静也想参与其中，结果凑近时却不小心撕坏了同桌的作业本。

于是，那位同桌委屈地大喊了一声：“××静，你又听不懂，干什么要挤过来！”

太凑巧了，这一句话落音，原本嘈杂的班级内骤然安静，所有人齐刷刷向他们投来了关注，40多双眼睛都盯着他们。

回到家后，静静再也忍不住，伤心地大哭了一顿，整个中午都没有出过房门。

她的妈妈实在是担心，于是偷偷给我打了个电话，希望我能够帮她开导一下孩子，解开心结。

我答应了她，让孩子到办公室来找我。下午一点半，静静带着一双红肿的眼睛敲门进来了。

她先是不吭声，直到我问到上午那件事，她忽然掉下眼泪来。“老师，同学们一起看我的时候，我真的好想找个地方躲起来……”

掺杂着眼泪，静静终于向我袒露心声。原来作为一个所谓的“差生”，她一直都觉得“战战兢兢”。当大家用那种打量的眼神看她，一下子压垮了她心中最后的防线，她崩溃了。

我耐心地听完后，教给了她一个方法。

“静静，你现在做这样一个设想——如果同样一件事情，不是你，而且另一个女同学，她会收到同样的结果吗？”

话落音后，她真的认真想了很久，最后给了我答案：大部分是一样的，有时候会不一样。

在独自分析和思考的过程中，静静的情绪已经逐渐平稳，并且渐渐从自我否定的怪圈中挣脱出来。

接着在当天下午的语文课前，我与学生们交流了两个问题。

第一，你们认为什么叫差生，什么叫优生？

这个问题大家都有话可说，孩子们纷纷说：优生讲礼貌，乐于助人，待人善良……

我问，“那差生是什么样的？”

学生们很快对照着说：与人交恶，行为举止不文明，恶意伤害他人……

“好，现在请你看看四周，你看到我们（7）班有优生吗？”

学生们迫不及待地念出了很多人的名字。

“那，差生呢？”

他们迟疑了一会儿，都摇摇头。

我直言：“××静不是吗？她成绩那么差。”

立刻有孩子反驳我：“不是的老师，她人很好的。”

“是啊，她值日的时候总是帮助我们，而且性格很好。”

你一言我一语中，差生的帽子一点点从静静的头上摘掉。我清楚看到她趴下来，眼睛湿润了。

随后，我问了第二个问题——当你遇到一名看不顺眼的同学，你会如何去对待他？

与之前截然不同的是，40多个孩子都沉默了一会儿。过了1分多钟，有学生举手说：“我会不喜欢他，但是我不会欺负他。”

这是个非常笼统找不出错误的答案，其他学生听得懵懵懂懂，又深以为然。

于是，我举了一个例子。

“如果路上有一只肮脏邋遢的流浪狗、流浪猫，你会怎么对待它？”

“我会给它买吃的，买牛奶喝。”

“我怕它咬我，我会绕着走。”

一个个天真善良的答案，听得我不由得放轻了声音。

“是啊，大家对待小动物都尚且如此，何况是我们身边的同学呢？如果你不欣赏他，请不要用任何形式去伤害他，哪怕是一个白眼、一个不屑的表情，都会让对方感受到伤害。”

10分钟的讨论转瞬结束，我继续开始上语文课。只是这节课，孩子们一直都静悄悄的，偶尔还会出神，不知道在想些什么。

晚上睡前，我收到了静静的语音消息。

“谢谢你余老师，我不伤心了。我喜欢（7）班的每一个同学。”

我回以了一个拥抱的表情，并且在朋友圈发了一段文字。

——你好，我是“差生”，但我一样很优秀。

——我热爱每一个人、每一件事，如同我热爱世界一样简单。

——你好，我不是“差生”。

爱在日常 才不寻常

刘智英

作为老师，以满腔的爱作为对学生无私的馈赠，它会幻化成云，幻化成雨，幻化成风，以最温柔的力量、最坚定的姿态造就他们成长路上的独特风景。

相识·因为喜爱，所以期待

初逢小谢的那天，是晴天。还记得那天微风轻拂，我迈着轻快的脚步走进教室，孩子们眼里闪烁着如星般的亮光，脸上露出既青涩又亲切的微笑："您一定就是我们的新老师吧！"

"你是刘老师吗？"循声看去，教室第一排坐着一位体型微胖、小脸肉嘟嘟的男孩子。他并不像其他孩子那样脸上写满了兴奋与期待，反而是直直地看着我，一脸疑惑。我知道，他一定就是传说中的小谢了。曾经任教这个班的老师告诉我，小谢患有阿斯伯格综合征，并有智力发育迟缓症状。在课堂上他总忍不住要"捣乱"：每天一到教室就脱鞋，下课时会捉弄同学，上课时会经常发出大笑，甚至还尝试过在老师的公开课上"跳舞"……让我没想到的是，我还没做自我介绍，小谢竟然就知道我了！我高兴地问他，"你怎么知道我是刘老师？"他故作神秘地偏不告诉我，真是个可爱的孩子！我心里暗暗高兴：这相识的问答就是一个特别好的开端，也为我在未来和小谢的相处建立了信心，我也充满了期待。

在学习《一个豆荚里的五粒豆》这篇课文时，小谢的涂改带不见了。对于他来说，涂改带不见了是头等大事，因此，他不时在课堂中大声地询问涂改带的“下落”，心里非常着急。为了帮助走出“涂改带不见了”的悲伤情绪，我灵机一动：“小谢，你的涂改带坐飞机去找安徒生了，它要看看在缝隙里落脚的豌豆长得怎么样呢。”小谢一听，心里的阴霾也一扫而空。他的心思回到了课堂上，和同学们一起关心五粒豌豆的故事。第二天，他又想起了涂改带，再一次在课堂上着急地找涂改带。我再一次安抚他：“小谢，涂改带找到豌豆了，但是它还想游历世界，看看各地的风景，了解各地的文化。我们赶紧把知识学起来，等涂改带回来了我们再和它比一比，看谁见多识广。”小谢点点头，拿起笔开始做笔记。

从那天起，做笔记便成了小谢的习惯。“老师，我要做笔记”成为他课堂上的口头禅。在主动了解哪些笔记需要记下来后，他认认真真地用自己能写的最工整的字做好记录。课后，他总主动问邻桌的小郭借笔记，把自己在课堂上落下的内容补一补。我在课堂上表扬他的笔记做得好，就是他一天内最高兴的事情之一。

第二周周末，我就把和小谢的相识、和同学们的互动写在了班级周小结“因为喜爱，所以期待”中，在微信群里和全体家长分享。在写小结时，我回想起这仍在发烫的喜悦与感动，有感而发——

“对于未来的每一天，我都充满期待。我想，一定是因为喜爱，所以充满期待。”

相知·因为期待，所以陪伴

乍暖还寒后，太阳携以温暖拥抱着我们，满是欢声笑语的校园里也镀上了一层金黄。一个学期的相处后，在用手机拍照记录日常点滴这件事上，小谢从一开始的担心、好奇顺利地过渡到喜欢、自如。我的手机里大半的照片，都被小谢的笑脸占据。教室外阳光灿烂、勒杜鹃开得正好，我主动向小谢提议：“要不，你到花儿旁边，老师给你拍拍照？”小谢高兴地站到花坛旁，挑选好站位后熟练地举起剪刀手，亮出招牌式笑容。一张、两张、三张……照片里不仅保存着鲜艳花儿与少年小谢，还有班上同学的“抢镜头”，更有属于童年的欢乐……

镜头外，小谢和我说的话越来越多。课间，他会摸索到我的办公室，探探头，看看我在做什么。午餐时，他总能践行“光盘行动”，并且和我分享菜看有多美味。午餐后，他一定会打湿一块抹布，有条不紊地擦拭着桌子，再将抹布洗干净挂好。有时候，他会拿起粉笔在黑板上画上他的“自画像”，咧着嘴问我这画画得怎么样。还记得，他和我说起他的妹妹，妹妹的调皮让他“头疼”，可妹妹在他眼里又是如此可爱……

不久以后，英语教研课的挑战来了。这是一节面向全校教师的公开课。对于小谢的表现，英语老师洪老师可以说是既满怀期待，又略有担心。于是，我主动请缨，陪伴小谢完成四年级的第一次公开课。课上到第9分钟时，只见小谢拨弄着手指，看着门外面带笑意。我轻轻地拍了拍他的手臂，小声地提醒他：“小谢，上课要认真听课哦！”他转过头来看了我一会儿后，双手放平坐端正，注意力又回到了洪老师的身上。

在这节意义非凡的公开课中，每当班上的其他同学表现优秀时，小谢总跟着全班同学一起竖起大拇指。趁小谢不注意，我拍下了许多课堂上的珍贵瞬间，这也成了小谢妈妈捧在心上的美好纪念——

“小谢经常回来给我们讲对他好的人和事，看到孩子的语言表达方面取得了这么大的进步，看到孩子收获这么多陪伴和肯定，作为家长非常欣慰。”

相伴·因为陪伴，所以成长

小谢升五年级时，正赶上学校举办“辉煌深圳　党史寻踪”研学旅行活动。听说要去参观深圳的红色地标，全班同学都兴奋极了。在做“行前攻略”时，小谢一脸认真地聆听讲解，生怕错过一点儿细节。在授旗环节，全班同学推选小谢为小队长，当接过蓝色的队旗时，小谢以最标准的姿势举着旗，认真履行好作为“谢队长”的责任。等抵达“大潮起珠江——广东改革开放40周年展览”时，我带着小谢率先下车，悄悄指导他怎么跟着讲解老师领着小队成员一起参观展览馆。想必是展览馆给孩子们带来了强烈的视听觉冲击，他们因沉浸式地开展党史学习教育而快乐，因在展览馆里见证这段砥砺奋进的峥嵘岁月而自豪，因在展览馆里聆听着时代的铿锵足音而骄傲。小谢端着笔记本、拿起笔，恨不得将展览馆内所有的文字都记录下来，带着这独特的收获满载而归。回程路上，小谢拉着我的手，轻轻地和我说：“谢谢您，刘老师！”

回到学校后，小谢的表达欲越来越强，给我们带来了另一个惊喜。他亮出了自己作为“西游记十级学者”的身份：有时候，他故意考我，“你知道猪刚鬣是谁吗”；有时候，他扮演念紧箍咒的唐僧，同学们配合他扮演头痛欲裂的孙悟空，欢笑溢满了整个课间；有时候，他为我们展示《一个师傅仨徒弟》《通天大道宽又阔》等经典歌曲，收获了许多粉丝……

所有的成长，都需要爱来滋养。在和小谢的相处过程中，我深深地明白老师在班集体的建设中起着关键的调节作用。当我刚来到班上时，我感受到同学们都在尽量地包容小谢，却不敢和他交朋友，矛盾、摩擦时有发生。为此，我召开了一个主题班会，和全班同学谈心，表达了我的心声：老师关心全班每一位同学，每一位同学对老师而言都特别重要。小谢和每一位同学一样，都是老师最重要的朋友，老师衷心希望全班同学也能和老师一起与小谢交朋友。在课内课外，我用耐心、陪伴见证小谢的成长，也见证着全班同学的成长。

在爱的陪伴中，小谢渐渐成为班级的“灵魂人物”：在准备班级合唱节时，他背下了《如愿》的歌词并能引吭高歌；在班级足球赛上，他双手握拳，为足球队员们呐喊助威；在运动会上，他努力参与班级方阵的练习，勇敢地挑战自我……

今年9月，小谢的妹妹上小学一年级了。妹妹看见我，露出甜甜的微笑：“老师，您就是刘老师吧，哥哥总提起您。”小谢喜笑颜开，拉起妹妹的手，跟我说：“刘老师，我要送妹妹去教室啦。”

微风轻拂着校园，两个孩子的脚步轻快，小谢始终拉着妹妹的手没有放开。看着这渐渐远去的背影，别样的感动油然而生——

爱在日常，才不寻常。

以人为本，以爱育人

钟善聪

教师，一直是人们认为太阳底下最光辉的一种职业。教师，也越来越受到这个社会的关注。从重磅出击的“延时服务”，再到热门的“双减政策”出台，教师受到的关注越来越多。但，我们的初心一直没变，那就是时刻以学生为重。

师者，传道授业解惑也，而现如今的教师，在传道授业解惑之余，我们更要关注每一位学生的身心健康，关注他们的健康成长，学习固然重要，但新时代也给予了我们更多的使命，赋予我们高效传道、健康育人的任务。

一、解除焦虑，以人为本

作为德育处老师，时常要面对“问题学生”，新冠肺炎疫情暴发三年，学校的“问题学生”数量激增，学生的“情绪化”特征更加明显。张某就是其中一个案例，步入六年级以来，因疫情封控在家上网课两个月，返校后表现出无心向学，产生了焦虑、厌学等消极情绪，并伴有失眠、肠胃不适、头晕等生理反应，经常提出要请假在家休养的要求，耽误了学业，也对班上同学产生了不良的影响。

后续经过班主任了解，之前张某请病假只是借口，身体并没有不适，而是想回家休息趁爸爸妈妈上班不在家，自己可以玩手机。张某爸爸发现后，便没收了张某的手机，并且告诉张某以后都不能使用手机。张某为此和爸爸大吵一架，亲子关系变得紧张起来，张某觉得爸爸没有满足自己使用手机的需求，因而在平时的生活中也不愿跟爸爸交流沟通。

后来德育处联合班主任及心理老师上门家访，与他的谈话过程中可以感受到疫情封控给他带来的痛苦，孩子坦言道：之所以不愿意上学，一来是上网课时沉迷玩手机，导致学习成绩下降了，无法适应返校的学习生活；二来是在家和父母关系紧张，总是争吵、对抗，自尊心受到打击，因此放弃学业，自暴自弃。针对该生情况，对其成长经历进行了解分析，并陪伴他一同克服心理障碍。

二、寻找对策，以爱育人

张某一到上学就犯病、一回家里就对抗其实是由心理因素引起的，这种现象在心理学上称为“躯体化障碍”，因为欲望受到抑制，在心理防御机制上采取了压抑、退化等措施以使得愿望达成。“心病还得心药治”，为此，我们在了解孩子心理发展特点和心理需求的基础上，和家长共同寻找对策。

（一）家长、老师密切配合

对孩子这种心情和行为表示关心和理解，建立良好关系，听其倾诉，及时了解其想法和心情，认真倾听并加以疏导和鼓励，尽量与孩子达成有效沟通。

（二）改善家庭成员的情感关系

父母的教育方式直接影响孩子的身心健康，婉转地让父母意识到是家庭的和谐关系与教育方式导致了孩子对学校学习生活的抗拒。所以不仅要改变过于溺爱孩子的教育方式，锻炼孩子的自主、自立意识，培养其自理能力和面对困难的勇气，让孩子愿意上学；也要增强孩子的安全感，尽量避免亲子矛盾对孩子造成的影响，让孩子能安心、放心地进入校园。

（三）改变孩子的认知

让孩子意识到自己的情绪以及生理问题产生的根源，改变其看待问题的角度，并鼓舞他勇敢地面对生活的挫折，学会独立，促进与同学的关系，在学习中谦虚求教，做个生活中的强者。

（四）亲其师才能信其道

当教师让学生感到可亲、可敬、可信赖时，学生就愿意接受教师的教育。尤其是那些遇到挫折而对生活失去信心，并用怀疑、敌视的态度对待周围一切事物的学生，则更要给予他们更多的安慰和关怀。所以在平时班主任要对该生关爱有加，经常与他交流、沟通，深入了解他的内心世界，帮助他解决青春期的烦恼。

通过多方力量的介入，用爱感化，张某的逆反、对抗心理已逐渐消除，和父母、老师的紧张关系也得到了缓解，他也逐渐建立起热爱学习、热爱生活的信心。

老师是太阳底下最光辉的职业，那是因为，我们也是勤劳的园丁，每天都在培养祖国的花朵，细心耕耘，等待哪一天，遍地开花，芬芳满园！

《小学生成长手册（寒假版）》实施方案

杨文华

一、活动类型

党史学习教育+“中国精神”+实践性活动+弹性活动+跨学科活动+多元评价。

二、活动设计的理念和目标

（一）活动设计理念

“双减”后的首个寒假，为切实减轻学生的学习负担，引导学生度过一个健康快乐、充实而有意义的寒假，学校以学校党总支的统一部署为核心，贯彻、落实党和国家的“双减”等教育方针政策，让活动真正发挥“为党育人，为国育才”的功能。学校活动在“学科+育人”的“双翼”推进模式中，以“夯实素养、分层设计、学科融合”作为三个有力的支撑，通过学校统筹、科组集备，创新性地自主设计与编制了《小学生成长手册（寒假版）》，将党史学习、生活锻炼与各个学科紧密结合在一起，聚焦核心素养，通过探究性、实践性活动，多位一体，共同促进学生在假期中的全面与个性化发展。

（二）活动设计目标

1. 落实“双减”政策，控制活动设计的总量

用顶层设计协调多类活动的数量，统筹总时长，减轻学生负担，保障学生假期的休息时间。

2. 聚焦核心素养，提升活动设计的实效

聚焦《中国学生发展核心素养》，各活动设计从文化基础、自主发展、社会参与三个维度进行综合考量，确保各活动能真正有益于学生核心素养的提升。

3. 关联生活实际，创新活动设计的内容

寒假是学生走出校园、亲近自然、了解社会的时间，抓住这一教育契机，鼓励各学科活动设计结合“中国精神”热点，结合深圳或学生实际生活特点，引导学生在生活探究中学会学习、健康生活。

4. 探索学科融合，丰富活动设计的形式

鼓励跨学科集体智慧，博采众长，探索党史学习与学科融合的创意性、多元性活动，使活动形式更丰富、更鲜活。

5. 关注个体差异，增加活动设计的弹性

关注学生的个体差异，以学生为中心，增加活动设计的弹性，为不同层次、不同爱好的学生提供可供自主选择的余地，激发学生的兴趣和主动性。

三、活动的内容、形式及设计意图

（一）党史学习教育篇

1. 该篇包含社会主义核心价值观、习近平总书记寄语、《中国学生发展核心素养》、党史学习教育平台、各级少先队公众号、中国共产党人精神谱系解读等内容。

2. 如党史学习教育平台：登录“国家中小学智慧教育平台”，查看专题教育：图说百年、话说当年、动听百年。根据个人的时间安排，适时适量学习。

设计意图：引导学生坚定不移听党话、跟党走，让红色基因、革命薪火代代传承。

（二）“成长专列”篇

该篇结合“中国精神”主线，以为仁治学为主题，包含劳动光荣、运动健康与为期四个星期的“成长专列”打卡记录等内容。如“成长专列”中包含：阅读、运动、劳动、日期、起床、睡觉等打卡记录。

设计意图：让学生在保证充分休息的基础上，积极参与不同层次与水平的家庭劳动与体育锻炼、获得相应技能及分享收获，增强计划性和持续性。引导家长陪伴孩子共同参与，共同成长。

（三）“中国精神”与各学科融合篇

1. 导入

该篇结合“中国精神”主线，以为仁治学为主题，包含古诗赏析、生活有数、英语围绕与音乐传唱、科创之光与美术创作、心理健康等内容。

设计意图：通过对“中国精神”的解读，创新性地把党史学习与各学科活动融合为一体，为学生提供了丰富多彩、健康发展、创意多元的活动，并能够按自己的实际生活与能力去实践。

2. 语文学科——古诗赏析

以“宝安诗词文化”为契机，利用寒假活动，继续推进学校“日有所诵”课程，分年级层次为学生推荐了优秀的古诗词，并做相应记录。引导学生通过朗读、背诵、书法、讲解、感悟等多种喜闻乐见的形式，打开诗词文化的大门，提升语言、思维、审美、文化四个语文核心素养，领略语文之美，感悟中华文化的博大精深、源远流长，坚定文化自信。

3. 数学学科——生活有数

（1）采取了“数学+党史”的活动设计思路，引导学生查找长征中的数字资料，教师根据不同学段的知识侧重点，要求学生在查找长征数字资料的基础上，分析信息并提出问题。

（2）关联数学与生活之间的关系，结合春节的契机，引导学生思考、规划压岁钱的管理和使用。

（3）引导学生在查找长征数字资料、思考压岁钱管理的过程中，感悟数学与历史、数学与生活之间的密切联系；在分析数据、提出问题中，训练知识迁移运用能力、独立思考能力、创造创新能力。

4. 英语学科——英语围绕与美术创作

（1）一、二年级：以“BOGANG”为字样，动手设计丰富多彩的样式。

（2）三、四年级：请用多个英文词语描述我们的学校、社区、宝安区或者深圳市（可单选或多选）。

（3）五、六年级：请用一段英文介绍描述我们的学校、社区、宝安区或者深圳市（可单选或多选）。

（4）让学生在实践中发现身边的英语，并与美术学科相融合，用画作的形式进行字母创作、用英文描述眼中的深圳、宝安、壆岗等，让学生在实践中感受改革开放精神、领略特区精神，树立强国意识，增强文化自信。

5. 音乐学科——音乐传唱

（1）利用寒假学唱几首红歌，可以是成长手册上面推荐的曲目，也可以是其他红色歌曲，并把学唱的歌曲、最喜欢的歌曲及想分享的歌曲记录下来。

（2）红歌的歌词健康向上，旋律优美、铿锵有力，有浓郁的感情基调，是革命实践的真实写照。唱响红色歌曲能唤起孩子们的红色记忆，既能加强革命传统教育，又能提升学生的认知能力、歌唱能力、情感表达能力，促进学生身心健康全面发展。

6. 科学学科——科创之光与美术创作

（1）一、二年级：完成一个简单的手工科技小制作，或一幅科幻绘画。

（2）三、四年级：完成一个简单的科技小发明，或写出想法，或一幅科幻绘画。

（3）五、六年级：完成一个有创意的科技小发明，或社会实践调查，或科技小论文。

（4）对于低年级的学生而言，学生刚接触科学，处于摸索阶段，寒假活动旨在经过一次完整的科学探究过程，体验科学独特的魅力，激发学习兴趣。

（5）对于高年级的学生而言，学生已接触了系统的科学学习，也经历过完整的科学探究，善于思考与研究，拥有一定发现问题并解决问题的能力，加入调查报告，能锻炼思维的逻辑性与流畅性。

7. 心理健康学科

（1）一、二、三年级：从伟大抗疫精神与雷锋精神中，分析他们身上所展现出来的优秀心理品质，并将这些优秀心理品质画进你所喜欢的图画中，如手掌、花朵、五角星、大树等，也可自行设计，创作一幅美丽的优秀心理品质图画。

（2）四、五、六年级：写一写对以上两种精神的感想，并联系自己的实际生活，写一段鼓励自己前行的话。

（3）写一写假期里的好人好事，或者谈一谈其他“中国精神”的可贵之处。

（4）学习抗疫先锋或者身边熟悉的抗疫医护、志愿者等人群身上所展现出来的优秀心理品质。同时提升自身的心理韧性和抗压力水平。展现当代儿童青少年的积极阳光的一面。

（四）家校共同成长篇

该篇包含家长评价、学校市区级报道、垦岗村史馆明信片、垃圾分类等内容（为仁治学·家长评价，见表1）。

表1

成长手册项目	☆☆☆	☆☆	☆
党史学习			
劳动光荣			
运动健康			
“成长专列”记录			
古诗赏析			
生活有数			
英语围绕与美术创作			
音乐传唱			
科创之光与美术创作			
心理健康			
垃圾分类			
总计	本次寒假共获得　　　　颗星		
说明： 1.“三颗星”：您的孩子能非常好地完成该项目，且认真详细地记录，并能够与亲人或者朋友介绍自己的心得和成果。 2.“两颗星”：您的孩子能基本完成该项目，且有填写记录。 3.“一颗星”：您的孩子在完成该项目的过程中，某些方面仍然需要努力，争取进步和完善。 4. 为了帮助您的孩子在假期中学习与成长，在坚持与锻炼中获得全面发展，同时请家长利用假期时间辅导孩子，务必如实评价，在相应的等级中打“√”，并统计在寒假中孩子共获得多少颗星。 5. 新学期学校会对本成长手册进行相应的评价与表彰			

设计意图：旨在让家长能真正充分地参与到孩子的成长当中，并做出实际评价。同时也让家长与学生能一起关注学校及周边的发展，更好地达成家校融合。

四、活动的评价与效果

（一）活动的评价

（1）《小学生成长手册（寒假版）》，旨在引导全校师生、家长，关注学习与生活之间的关系，在综合性、探究性、实践性活动中，真正发展学生的核心素养。因此，有效地引导全校师生、家长站在学生生命自觉成长的高度，从评价主体的多元化和评价方式的多样化等角度来优化育人活动，创新活动评价模式。

（2）评价主体多元化。除了传统的教师评价，还引导学生自我评价，并不断小结、反思，学会自主管理、自主学习；我们也邀请家长参与评价，通过亲子评价，引导家长在假期里更全面、细致地关注孩子的各方面表现，家校共育、形成教育合力。

（3）评价方式多样化。我们引导教师确立“多元活动质量观”，在评价时要结合学生的具体学情，根据不同层次、不同特点的学生切实做到“多几把衡量学生的尺子”，从关注活动完成的结果转向关注活动完成的过程，从关注知识转向关注学生的必备品格和关键能力，让活动评价回归育人本位。

（二）活动的效果

1. 自主定制假期生活，活动兴趣更加浓厚

“双减”后的首个寒假，我们通过该手册引导各学科为学生提供丰富多彩、可供选择的“活动套餐”，学生可以根据自己的特长和兴趣爱好，自主选择活动内容和形式的难度，让学生拥有个性化的假期生活，从家长和学生的反馈能感受到他们对本次寒假活动的满意度较高。

2. 活动设计科学有效，质量更有保障

本次寒假活动力求减量提质，党史学习教育与跨学科融合，提升活动实效，以综合性、探究性、实践性活动为主。从各学科教师目前线上收集到的过程性学生优秀成果来看，孩子们假期丰富、愉快的生活体验在活动中展现得淋漓尽致。孩子们的活动完成质量高，令人眼前一亮的作品不断涌现。

六年级

用心·守护，陪伴成长

曾 琳

时光荏苒，岁月如梭，不知不觉间，我加入人民教师的队伍中已经五个年头了。犹记得，当初的我怀着忐忑的心情站上讲台。我将要面对的是一群活泼可爱、个性迥异的孩子，他们是动态的、对世界充满好奇心的“花骨朵儿”，我肩上担负着“授人以渔”的职责，故而不禁问自己：“我能做好吗？”

所幸，时间告诉了我答案——我做到了，并且满载而归。

从我入职起，就和二年级（5）班的小朋友结下了深厚的缘分。我在不断的摸索中成为更好的班主任，深深意识到用心守护教育、以爱陪伴成长的重要性。

提到我印象深刻的一件事情，非校运动会莫属。对于老师和学生而言，一年一度的校运动会可算是最盛大的活动之一。以往稍显沉默寡言的孩子，面对自己擅长的项目也会跃跃欲试，想要在绿茵操场展现自己的飒爽英姿，为班集体荣誉而努力拼搏。校运动会的项目很多，有的需要孩子们自身身体素质极佳，有的则需要“智勇双全”，需要全班孩子们拧成一股绳，劲往一处使。在丰富多彩的体育项目比赛中，孩子们身上展现的“更高、更快、更强”精神似乎让我看到了面对暴风雨的海燕。

五年级时的校运动会上，因为一些比赛项目的失误，孩子们的团体总分未能达到他们心中预期的第一名。有孩子找到我，希望我能匀出一部分时间，对运动会做一个小结。与其说是我来进行所谓的小结，不如说是孩子们主动提出自己的想法，为自己争取小结校运动会的机会。身为老师，看见孩子们有想法、有责任心的精神面貌，倍感欣慰。

在一个阳光温暖的午后，我特地抽出一堂课的时间给孩子们进行小结。我主要负责引导各项议程的顺利进行，而关于校运动会的小结大会，主要由体育课代表和班长推进，全班同学都参与了进来，因为全班同学都参与了这项盛事，都有话可说、有事可言，真正做到了“有一分光，发一分热”。最后，孩子们小结得出班集体在一些项目上缺乏硬实力，一些项目如果策略得当还能使得排名更好。也许是因为不断成长，也许是因为求胜心切，在校运动会小结之后，孩子们各科学习势头猛增，并且会抓住运动时间进行体育锻炼。果不其然，在六年级校运动会上，孩子们勇夺第一！四、五年级校运动会的遗憾终于在小学最后一届校运动会上得到了补偿，我和孩子们收获到的不仅是体育运动会的第一，更是一起感受了目标一致、团结协作的重要性，我想，这也是孩子们成长过程中不可多得的精神收获。

与此同时，我身为班主任，深深意识到寓教于乐的重要性。在面对班级的孩子们时，不因为年龄的差距而忽视与他们平等对话，鼓励各个孩子树立班级主人翁意识，既增强了班级凝聚力，也使得孩子们各展所长。在这样的过程中，孩子们对我的认同感也大大增强，我不再仅仅是具有威严的班级掌舵人，而是与他们同载一条船的合作者，是彼此信任的搭档。

作为一名人民教师，理当用心承载教育，以爱陪伴孩子们的成长。迎来送往，我将继续秉持终身学习的态度，不忘初心，做到心中有爱，眼里有光，在三尺讲台上，守护孩子们的诗与远方。

且行且思，不断成长

李达灏

我从教至今已经过去了三个学期，也就是一年半，我已经先后担任了两个班的班主任，而我的班主任故事也在先后的这两个班开始书写。

故事要从2020—2021学年度的下半学期开始，我开始担任六（5）班的班主任，在任教了他们一学期的数学教学之后，我对他们的一些特点比较熟悉，尽管如此，在作为他们班主任的半年里，我从中也学到了不少。

学生一是一个头脑聪明、个子高大的男生，从我最开始担任班主任时，就发现他有厌学情绪，时常请假不来上学，会有主动呕吐的现象，甚至到后来，父亲送他到校门口之后，他下了车门就跑回家了，属于逃课的行为。我尝试和他父亲沟通，了解到父亲和他达成的约定就是写完作业就可以玩手机，显然，孩子的要求越来越多，而家长做出了妥协，久而久之，父亲因为孩子的作业被投诉而选择禁止玩手机时，矛盾就爆发了。

为此，我进行了家访。在家访的过程中我了解到，父亲陪伴孩子的时间较少，奶奶比较宠孩子，久而久之，孩子的性格比较娇生惯养，孩子最在意的还是父亲不让他玩手机，当我继续追问时，孩子才说因为害怕补作业。当时我马上做了一个退让，承诺回学校之后各科会减少他的负担，前提是他要去学校。家访的最后我建议其父亲去报一个游泳班给孩子，转移孩子的注意力，并且规定了周末玩手机的时段和时长。我人生中的第一次家访就结束了。

作为老师，我很希望我能够早一点发现这个学生的情况，说不定还能够让他有更大的进步，作为班主任，和家长的沟通十分关键，并不是需要专门问家长孩子有没有什么问题，而是重在坚持，在日常的沟通交流中去关心孩子，家长自然而然地就会透露孩子的日常情况。另外，作为班主任，保持好自己的底线，让学生知道自己的底线和原则，是进行高效班级管理的关键。

学生二是一个比较文静、矮小的女生，成绩比较好，平时表现出来的感觉是活泼、听话，但是她有过抑郁症，在她很小的时候，父亲就离开她们家了。那时正值盛夏，她穿了一件长袖来学校，即使很热也没有挽起袖子，这个举动引起了我的注意。我把她叫到办公室，我说："是遇到什么问题了吗？"她不肯说话，直到我说交换秘密的时候，她才肯说话，她挽起袖子，手腕上能看到明显的划痕，我说："很痛吧？可以告诉老师什么事情吗？"孩子还是不肯说。我接着采用交换秘密的方式打听到了事情的源头，是因为妈妈以成绩不理想为理由不让她在电脑上追星。我第一时间就通过换位思考的方式带领她进行分析，并对她一直以来和她妈妈一起生活这么多年表示佩服和同情，我不断地鼓励，让她体会到母亲的不易，也让她清楚和母亲的争执与一路走来的艰辛相比只不过是小事。同时在谈话之后我也和其母亲做好沟通，最终解决了这件事。

对于这位学生我必须进行检讨，对学生的关心和理解真的不够，作为班主任，对学生的关照是必须的，学生情绪变化的前因后果，需要平日更加细心的关注和了解。

班主任之路，任重道远，我也在不断地经历、小结、成长，且行且思，不断前进。

有爱有责有梦　书写育人画卷

石金田

寒暑轮替，草木荣枯，时间的刻度，清晰记录走过的路。2014年教师节，习近平总书记同北京师范大学的师生代表座谈时，对如何做一名好老师提出了四点要求，即要有理想信念、有道德情操、有扎实学识、有仁爱之心。主席的讲话给老师提供了遵循，也给刚入大学不久的我指明了方向。

2019年，我毕业来到深圳，当我真正走上讲台，面对一张张稚嫩的脸庞，一双双对知识渴求的眼睛时，我深知学为人师，行为示范的重要性。作为一名教师，只有心中有爱、心中有责、心中有梦，才能把三尺讲台演绎成教书育人的广阔舞台。在小学阶段，学生们的心智还不够成熟，作为一名教师一定要注意保护学生的自尊心和自信心，对待接受能力慢的学生或者有特殊情况的学生，不要给学生印下“差生”的标签，小孩子们在玩闹中，会造成学生心理上的自卑，也会加剧学生对恶性行为的循环。

践行师德师风，我们教师要坚持教书和育人相统一，要做到心中有责，笃定地引领学生前行。刚接班的时候，班级坐在最前排的一个女生吸引了我，她的桌子周围总是有或多或少的垃圾，同学喊她的名字她也总是回应白眼甚至是拿纸团丢同学，上课也从不拿出课本，在接触中我感受到这个小女生对周围环境的敌意，这是极度缺乏安全感的表现。看着她孤独的身影，还有她妈妈在提及她的时候难以控制的眼泪，作为一名老师很难做到无动于衷。可是想要学生改变，需要在一点点的积累中让学生变好。于是给她单独列了一张记录表，从桌椅周围的整洁、上课的安静、上课记笔记、见老师问好等多方面，只要能达到每天就可以获得小红花。随着书上的小红花越来越多，她也接受了班级同学对她的帮助，在融入班级这个大家庭时，也收获了友谊。是啊，是作为教师的责任让我们不能放弃每一位学生，教其知识，关注其心理、培养其性格。因为肩负责任，我们的身影一次次出现在陪学生阅读打卡的行动中、在安慰缓解学生演讲比赛的紧张上、在一次次陪伴学生解决矛盾的难题上、跟学生耐心沟通考试的失分上……正是因为肩负责任，我们不敢松懈，坚守在岗位上，出现在学生的需要处，为其引路也要为其护航，在其心中播撒希望的种子。

心中有爱，教学会有温情；心中有责，笃定前行。习近平总书记说：“心中有信仰，脚下有力量。”作为教师，我们要对学生有爱，爱也是我们一生的课程，爱也要与时俱进，更要因材施教。作为教师的我们心中要有爱、有责、有梦，在教学路上更要有坚持、不言弃。

一路引领　一路成长

石一雪

我曾在网上看过这样一段话：班主任有时是保姆，有时是医生，有时是警察，有时又是法官。这说明了班主任工作的琐碎和事无巨细。

今年是我作为班主任的第四个年头了，接手（4）班也有两年多，作为班主任，不仅要在学习上引领学生，而且要在生活上给予学生更多的指导，而在引领学生向成功进发的过程中，我个人也收获了成长。

（4）班学生活泼好动，语言表达能力并不弱，如果当天语文课提前讲完还空有时间，我会给出几分钟让学生自由畅谈，全凭当天当下的感受和想法来交流，让他们感觉到石老师是理解他们的；在班会课上，我也会尽量压缩我讲解的时间，围绕当堂课的主题，将更多的时间放在学生的讨论上面。印象比较深刻的是，孩子们很喜欢聊班级的各种现象，我会很乐意化作倾听者，留意他们各自的表达特点。

这一部分的尝试得到了意料之外的回馈：下课的时候，时不时会有我的学生来办公室找我闲聊，即使不聊天，也会过来看看，虽然没说什么，却留下了不少甜甜的微笑，我把这些当作他们对我喜欢的表达。

随之发生变化的是打架的频率在逐步降低。四年级时，平均一周要出现3—4次矛盾冲突事件。（4）班出现的打架事件其实仅存在于小部分的学生当中，而且我发现，在这小部分的学生当中，他们往往又是非常爱讲话、反应特别快的。于是，我又有了想法：主动点将，让他们为班级服务。及时换水、帮老师分发作业、中午主动倒一次班级垃圾……这不仅是他们获得老师信任的有力证明，也让其他同学亲眼看到他们确实还有“靠谱”的一面，再“等到”有学生打架时，可能他们中的几个会及时上前劝架，也可能有更多其他同学参与拉架。

作为老师，教书育人始终是中心任务。（4）班的语文成绩一直都不是年级里较为醒目的“名片”，这让我把大部分精力放在纠正学生的不良学习习惯上面。拼音知识掌握不牢固，书写速度慢导致笔记不能完整记录，习惯性书写错误较多，做作业拖拉……要想让（4）班的孩子服从老师对学习上的要求并完成任务，首先必须得到他们的认可，从学生时代走过来的我也深知无意义的罚抄和重复只会增添学生对学习知识的反感，于是我要求学生错音只需要修改5个，错字修改3个，若下次的错误个数比上一次明显减少，会得到更高的等级，从错误的减少和已交本数的数量来看，这个方法是成功的，包括之前“死活都不愿意”翻字典的学生也开始将字典放入自己的书包，时不时地动手查一查。

一次次事件的处理，让我深刻认识到：（4）班的孩子在不断地成长，原来的过度活跃、无法自控慢慢地转变为遇到问题懂得及时反思和改进，集体荣誉感越来越强；作为班主任的我也在成长，用心付出让我更真切地感受到孩子们的单纯、善良、懂事，他们治愈的笑容和暖心的语言总会让我的教师生活精彩不断。在班主任这条道路上，继续学习、继续成长……

“示弱”化春风 润物细无声

徐淑雯

初为班主任时，我总以为班主任必须要强悍才能使学生乖乖“听话”，于是我让自己变得“强势”又“泼辣”。学生见到这样的班主任的确会“闻风丧胆”，可慢慢地，我发现他们很多时候都是在和我玩“猫抓老鼠”的游戏，这种强硬的教育方式到达不了学生的心灵深处。于是一年之后我尝试改变自己的班级管理风格，把自己变成一名时而“示弱”的班主任，竟也有了另一番收获。

《老子》有言：“天下之至柔，驰骋天下之至坚。”孩子们的内心常常是渴望积极正面的评价的。但校规校纪的存在却控制了他们、约束了他们，老师的教育越来越难打动他们，由此班级管理便面临很大的挑战。马斯洛需求层次理论便很好地提出了解决问题的办法。现在的孩子大都早熟，虽处于小学，但高年级的孩子也已经开始期望着自己能够在学业、行为举止甚至外形等方面得到他人的承认和赞赏，越来越渴望尊重理解和成就需要。此时班主任适时借助“示弱”，可以不断发现和挖掘学生的潜力，为学生提供锻炼的平台，满足学生的成就感。由此一来，学生的内心深处就会产生一股积极的激励力量，这样的内驱能量往往是无穷的。

但示弱并不是软弱，而是通过退让张扬学生的个性，是一种教育智慧和清醒。在班主任工作中，适当示弱，会促使学生成为有责任感、有担当的人。这一点也是我在和班里学生相处一年之后才渐渐领悟到的，师生之间越有亲近感和默契感，老师的“示弱”才越能激发学生的“强悍”。

如何示弱也是一门学问，就我任班主任的经历来看，关键是以下三点。

一、主动示弱，拉近师生距离

从古至今，人们对教师的定位都是“师者，所以传道授业解惑也”。教师似乎就应该是无所不知、无所不晓的。但是在每个新学期的开学第一课上，我总会对学生说类似的话：“虽然老师吃过的盐比你们吃过的饭还多，但是正所谓‘人无完人’，你们可是‘长江后浪推前浪’，各有特长。所以老师若有可以进步之处，还请你们主动指教，我们互相学习，共同建设好班级。”以这样的开场白，我主动在学生面前示弱，一下子拉近了师生间的距离，不仅能打开学生心扉，也能让我更了解学生，做到知人善任。

二、真诚示弱，增强学生自信

“三人行，必有我师焉。”如今。老师想要事事、处处都强于学生，是很难做到的。记得学校曾组织过一次红歌合唱比赛，可把五音不全的我难倒了。于是在班会课上，我真诚地表明自己对唱歌和表演一窍不通，请同学们一起出主意。在热烈的讨论声中，班上原本一向沉默寡言的曾同学竟站了起来，主动接下这“活”，选歌曲、选服装、排队形，她都和班委一同操办，最后呈现了一个精彩的演出。过后我对她由衷感叹道：“真谢谢你！要是没有你，我们班这节目还不知道怎么完成呢！”自那以后，她变得活泼开朗起来，一旦有什么文艺比赛或活动，她总是极富激情，敢于创造。可见，班主任坦诚地示弱，不仅给了学生信心，也让他们更真切地体会到我的感受，我们相互理解、相互帮助，班级也更加团结了。

三、反思“示弱”，张弛有度

作为一名班主任，示弱时要因人因事，而非一味退让，助长不良风气。因此，班主任应做到对学生了如指掌，有些学生无须“示弱”，有些学生更不能“示弱”，要威严与慈爱同在，张弛有度，这样才能让学生既敬你又畏你。

在班级管理和教育教学中，有时候班主任若能敢于“示弱”、巧于“示弱”，师生之间便能搭起理解的桥梁，学生在潜移默化中学会了担当，张扬了个性，而自己在班主任的道路上也会倍感轻松和幸福。

静心·等待，花自绽放

欧阳文婷

知名学者袁卫星先生曾说过："如果一朵花不美，就请欣赏它的叶子；如果叶子不美，就请赞美它的枝干；如果枝干不美，就请赞叹它的根基；如果根基也不能使你产生情感的冲动，那么你总该为它是一株蓬勃的生命而讴歌！"作为一名班主任，在孩子们面前，我多么因自己是一位静待花开的欣赏者而自豪啊！

回想起刚刚离开大学校园，走上小小讲台的我，作为一名初出茅庐的班主任，可以说毫无经验却又责任重大。那时的我，年轻气盛，又急于求成，所以总是事与愿违。刚刚担任（4）班的班主任的时候，班里有个调皮孩子叫小宇，这个孩子可以说是聪明过人，但却是个不爱学习又爱带头捣乱出风头的机灵鬼。在刚开始接触到这个孩子的时候，我亲身经历了这个"问题学生"带来的一系列烦恼。那个时候，我把能想到的一切办法都尝试了一遍，却效果甚微。

抱着不服输的心态，我决定向这个孩子发起挑战，开始真正尝试了解这个孩子。小宇小时候父母离异，他跟着爸爸生活，可爸爸忙于工作经常无暇顾及他，所以他缺少父亲的教育和管理，这使得他变得更加放任，不思进取，长期沉溺于手机网络。相比其他学生，他心理上更加敏感脆弱，渴望得到别人的关注。

了解到这些情况后，我的心久久不能平静。作为他的班主任，我只是看到了他的缺点，一味指责，急于求成。我更加强烈地感觉到自己的失职，我开始反思，决定改变以前的方法，从一些细节方面去关心他，去发现他的闪光点。"金无足赤，人无完人"，及时捕捉学生的闪光点，使他们产生积极的情感，这是班主任工作至关重要的一环。看到小宇在学习上不思进取，课堂上我经常设置一些简单的问题让他回答，让他参与到课堂上来。慢慢地，他认真了很多，学习上也取得了一些进步。看到他爱表现自己，我给他安排了一些班级事务，培养他的责任心。我们的师生关系渐渐融洽和谐起来。

像小宇这样的孩子不可能指望他一下子获得飞跃的进步，但我还是对小宇倾注了更多的耐心，虽然有时候为他不承认错误而急得跳脚，为他死不悔改而怒斥批评，最终我都会跟他说："老师总是相信你在我心里一直是个好孩子，我相信你慢慢会理解的！"

我的等待终于有了回报，小宇就像是慢慢生长的嫩芽，先是破土而出，长出了两片叶子，这正是我所期待的。难以相信，这个现在已经小学毕业的孩子，却是从他六年级的时候开始慢慢蜕变，渐渐成长为一朵含苞欲放的花朵，散发着清香。他在拍毕业照时，对着镜头说了好多感谢老师的话。他说最感动老师对他的耐心，让他觉得无论怎么样，老师总是相信他、鼓励他。毕业后，小宇常常回学校看我，跟我聊天，说说初中的趣事，还会要求学弟学妹们心疼老师，不准惹老师生气等。他的话语，让我好气又好笑，但却被深深地感动了，我为这个孩子的改变而倍感欣慰，同样为能够改变这个孩子而自豪！

教育孩子就像是在养花一样，我们需要的是静待花开的人生，这是一个"慢艺术"的过程。每个孩子都是独一无二的，每个孩子都是一朵花，只是花期不同而已，我们对待孩子要有一颗宽容之心，要用热情和真诚去感染他们，以欣赏他们的优点为出发点，以保护他们的自尊心为基础。当我们学会静心等待时，就能对孩子多一分理解、多一分信心、多一分亲切，花朵自然就会绽放了。